Splendeur de *Venise*

283 ILLUSTRATIONS EN COULEURS

LES PALAIS DU GRAND CANAL EN **8** DEPLIANTS

ET **32** AQUARELLES

Le couchant sur Saint-Georges et sur la Salute

STORTI EDIZIONI

PLAN DE VENISE

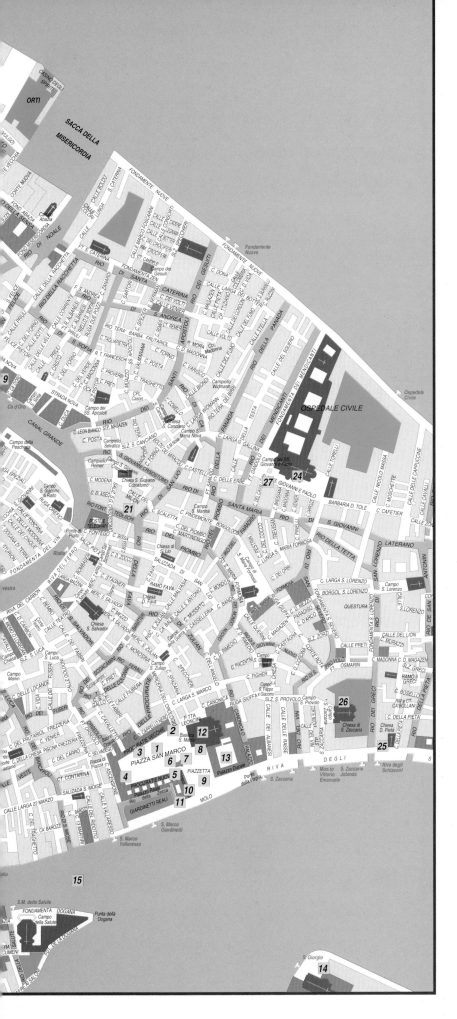

(P. 4) Piazzetta San Marco.
Palais des Doges, façade ouest.

(P. 5) Piazzetta San Marco.
Loggetta et Bibliothèque de Sansovino.

Cette publication contient des illustrations nouvelles qui présentent dans toute leur beauté les
palais, les canaux et les endroits cachés de la
ville, ainsi que les tableaux et les œuvres d'art
des musées et des collections privées, remis en
exposition après avoir été restaurés. Le texte
qui les accompagne en souligne parfaitement
l'intérêt. Venise nous y apparaît illuminée tant à
l'extérieur qu'à l'intérieur des édifices où le
pouvoir a laissé sa marque à tout jamais: qu'il
s'agisse de la Place et de la Basilique Saint-
Marc, sans oublier bien sûr le Palais des Doges.
En revanche, une lumière douce baigne les *calli*
(ou ruelles) et les canaux où l'homme et le

temps ont eu davantage la possibilité d'abîmer
et de transformer. Certains portraits présentent
les personnages qui contribuèrent à créer ou à
universaliser la culture vénitienne, comme
Marco Polo ou Vivaldi par exemple. Nous
avons remonté l'histoire à rebours, une histoire
qui commence précisément dans les lieux évo-
qués dans cet ouvrage: les îles et les littoraux
s'étendant de Torcello à Chioggia, en passant
par Burano, Murano, le Lido et San Pietro in
Volta.
Ce livre aide le visiteur à regarder Venise et à
emporter avec lui un souvenir aux contours
bien définis.

Venise Curiosités

LA
GONDOLE

*La gondole est pour moi ce doux
berceau qui flotte sur les eaux et le petit toiton
qui la protège me semble un vaste cercueil.
C'est vraiment ainsi que je la vois !
Et nous passons notre vie entre ce
berceau et ce cercueil, parmi les
oscillations et les fluctuations
du Grand Canal, dénués de tout souci.
Épigrammes vénitiens
J.W. Goethe*

La sérénade.

La forme de la gondole (Dessin).

Vues de promenades en gondole.

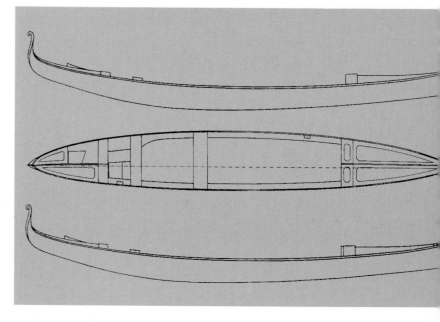

La gondole est un bateau allongé, étroit et asymétrique et elle glisse sur l'eau en formant des zig-zag que le gondolier rectifie constamment pour maintenir la direction voulue. Son nom figure pour la première fois dans un document daté de 1094. Elle prit sa forme définitive au XVIIIème siècle: 11,50 mètres de long et 1,40 mètre de large. Sa proue est décorée d'un curieux fer dentelé et la poupe d'un fer orné de volutes; tous deux sont du reste des ouvrages très élaborés. Les éléments décoratifs les plus courants sont des petits hippocampes, des pans de bois à fleurs, le "felze" ou cabine située au milieu, revêtue d'un tissu noir et décorée de nœuds et de cordons. On raconte qu'on comptait au XVIIème siècle plus de 10 000 gondoles: il en reste aujourd'hui environ 500. Les personnages célèbres, et pas seulement du monde des lettres, qui choisissaient Venise comme lieu de rencontres, ont cristallisé dans la gondole l'esprit de la ville. Il paraît qu' *"aller en gondole"* libérait leur âme des soucis quotidiens. Le lent mouvement, le frottement de la rame sur l'eau, les appels des gondoliers, le confort des coussins, le fait de passer devant les coulisses des nobles architectures emplissent en effet l'esprit de sérénité.

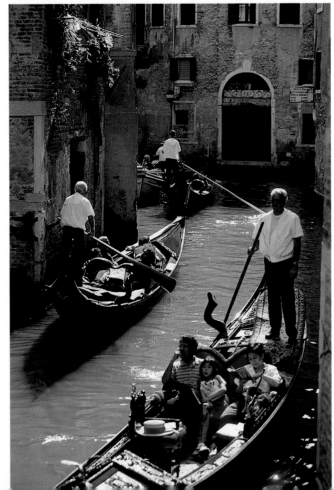

PILOTIS
"ACQUA ALTA"

"L'acqua alta" ou hautes eaux figurent parmi les phénomènes qui menacent le plus fortement la ville, non seulement pour les dégâts immédiats qu'elles provoquent mais surtout pour la corrosion que subissent les structures des bâtiments. Il est difficile de décrire la sensation que l'on éprouve lorsque l'on voit l'eau pénétrer et monter dans les magasins et les entrepôts et que l'on assiste, impuissant, à la destruction de ses biens. Les textes historiques attestent que le phénomène des hautes eaux a toujours existé, comme en témoigne le tableau de Paris Bordone intitulé, *L'anneau de saint Marc*, qui se trouve aux Galeries de l'Académie.

*Galeries de l'Académie. Paris Bordone,
L'anneau de saint Marc.*

Place Saint-Marc. Vieilles Procuraties. Hautes eaux.

Pilotis. Fondations du Pont de Rialto (dessin).

Les fondations du pont de Rialto (1) Les pieux dits de la cloison, ou palissade extérieure, qui retient les eaux du canal. (2) Pieux soutenant le ponton, au nombre de six mille (3) Ponton. (4) Travaux de maçonnerie. (5) Niveau moyen de l'eau. (6) Fond du canal. Les fondations de l'église de la Salute. *"On commença la construction en fixant un million cent six mille six cent cinquante-sept pieux de rouvre, d'aune et de mélèze, d'une longueur moyenne de quatre mètres. Ce travail dura deux ans et deux mois environ. Sur cet ensemble de pieux fut construite une base composée de grosses planches de rouvre et de mélèze, bien reliées et enchaînées entre elles"*. Extrait de Venezia città nobilissima de Francesco Sansovino (1663).

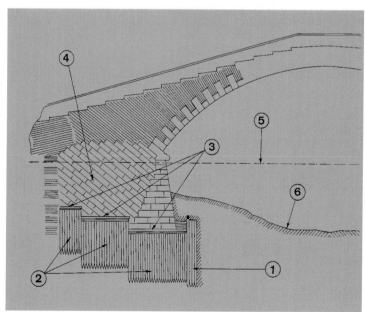

Venise son Histoire

Sebastiano
Ziani
(1172-1178)

Enrico
Dandolo
(1192-1205)

Pietro
Gradenigo
(1289-1311)

Andrea
Contarini
(1368-1382)

Lorsque l'Empire Romain commença à donner ses premiers signes de décadence, la vie dans les régions de la Vénétie et de l'Istrie connut de plus en plus de précarité et les populations s'habituèrent à l'idée d'abandonner toute propriété pour aller se réfugier dans les îles de la lagune. L'invasion lombarde de 568, qui fit tomber aussi bien les villes d'Aquileia que d'Altino, ne fut que la dernière phase de ce processus historique. Il est peut-être possible de situer la naissance de Venise à cette date: en effet, les peuples qui s'y étaient réfugiés ne revinrent jamais plus sur leurs pas. En 584, lorsque l'Empire Romain fonda l'exarchat de Ravenne, la communauté lagunaire passa sous la souveraineté de Bysance. Les Vénitiens, qui jusqu'à ce moment avaient fourni en sel l'arrière-pays lagunaire, gagnèrent en hardiesse et allèrent commercer de plus en plus loin. Il devint alors nécessaire de libérer le nord de l'Adriatique des menaces des pirates slaves de la Narenta et le centre et le sud de cette même mer des incursions sarrasines. En 991, le doge Pietro Orseolo II débarqua à Zara et libéra le territoire. Entre 1140 et 1160, l'Institution du Doge perdit définitivement son caractère monarchique et les pouvoirs publics passèrent dans les mains du Grand Conseil, composé de 45 membres. C'est à cette époque que Venise prit son visage particulier, avec son centre politique, religieux et social à Saint-Marc et son centre commercial à Rialto, centres que reliait la principale voie commerçante de la ville, les Mercerie. La lutte, entreprise par le doge Domenico Selvo (1071-84) et par son successeur Vitale Falier (1084-96) contre les Normands non seulement assurait à Venise le libre commerce dans les ports des Pouilles mais favorisait aussi, de manière indirecte, l'Empire Byzantin. C'est ainsi que l'Empereur Alexis Ier Comnène concéda des privilèges spéciaux aux commerçants vénitiens. Mais en 1171, Manuel Ier Comnène, comptant sur l'aide de Gênes et de Pise, tenta d'expulser les Vénitiens de l'Empire; mais ces derniers prirent leur revanche lors de la IVème Croisade. Au lieu de libérer la Terre Sainte, les Croisés, parvenus en Orient, conquirent Constantinople. Tandis que le vieux doge Enrico Dandolo se limitait à la possession de quelques bases commerciales et de certaines îles de l'Egée, ainsi que de Méthone, Coronée et de la Crète, à Venise, les familles les plus puissantes continuaient à chercher à s'emparer du pouvoir. Plusieurs conjurations furent éventées, dont celle de Marin Bocconio de 1299, celle de Bajamonte Tiepolo et des frères Querini en 1310, ainsi que celle de Marin Faliero en 1354. Entre temps avait été institué en 1310 le Conseil des Dix, dans le but précisément de contrôler le pouvoir des patriciens. La crise qui s'instaura au milieu du XIIIème siècle dans les rapports entre Venise et Gênes fut suivie d'une trêve mais la lutte reprit de plus belle au XIVème siècle. Les épisodes finaux, qui eurent pour théâtre le nord de l'Adriatique, menacèrent Venise dans son intégrité physique même. Après les défaites de Pola et de Chioggia, la Sérénissime République, rassemblée sous les ordres du capitaine Vettor Pisani, sut trouver l'énergie suffisante et accomplir un dernier effort pour remporter à Chioggia une victoire éclatante sur Gênes. Mais, après l'élimination de cette dangereuse concurrente, une autre menace se mit à peser sur le commerce vénitien: en effet, les Turcs commençaient alors à s'imposer dans toute l'Asie Mineure. Les Vénitiens cherchèrent à compenser leurs pertes en Méditerranée par des conquêtes en terre ferme où les échanges commerciaux avec la plaine du Pô et le nord de l'Europe étaient tout aussi importants que ceux d'Outremer et c'est ainsi qu'ils conquirent Padoue, Trévise, Vicence, Vérone et Brescia. Les Turcs, placés sous la conduite de Mahomet II, in-

fligèrent le coup de grâce à l'Empire d'Orient (1453-54). Mais la dimension territoriale et politique acquise par la République était disproportionnée par rapport aux forces dont elle disposait véritablement. La Ligue de Cambrai se révéla donc inévitable; elle rassemblait en effet contre Venise l'Empereur Maximilien Ier d'Habsbourg, les rois de France et d'Espagne ainsi que les ducs de Ferrare et de Mantoue, soutenus par la Hongrie et la Savoie. Tous avaient de bonnes raisons pour souhaiter la chute de la République et la lourde défaite de Agnadello, de 1509, peut être qualifiée de totale. En outre, dans les années comprises entre la fin du XVème siècle et le début du XVIème, la découverte de l'Amérique ouvrait un nouveau chapitre dans l'histoire européenne. Le centre des échanges se déplaça alors des mers intérieures d'Europe (Mer du Nord, Baltique, Méditerranée) vers l'Océan. On a l'habitude, mais à tort, de situer le début de la décadence du commerce vénitien à cette époque, car il s'écoulera plus de cent ans avant que les routes de l'Atlantique n'entrent en concurrence avec la République. Venise continue à importer ses produits d'Orient et à les exporter sur les marchés occidentaux, même si les difficultés augmentent. La République cherchera tour à tour des alliés contre les Turcs, mais c'est toujours à elle qu'il incombera de fournir le plus gros effort. A souligner la remarquable défaite de Preveza et la non moins éclatante victoire de Lépante de 1571, magnifiée et immortalisée dans maints célèbres tableaux. La politique de renoncement sera désavouée ensuite par de brillantes, bien qu'inutiles, pages d'histoire. Ce n'est que grâce à la médiation de Henri IV, roi de France, que l'on put éviter la guerre (1605-1607) avec le Pape Paul V qui avait prononcé l'interdit pour protester contre l'arrestation de deux sacerdotes qui s'étaient rendus coupables, à Venise, de délits communs. La défense de Paolo Sarpi contre Bellarmin est également restée célèbre dans les annales. Cette forte tension était née de l'occupation de Ferrare - éternelle pomme de discorde entre Venise et la Papauté - par Clément VIII à la mort, en 1597, du dernier duc de Ferrare, Alphonse II d'Este. La défense de l'île de Crète contre les Turcs sera l'un des derniers épisodes ou la République montra encore une fois sa volonté délibérée de s'opposer au cours des événements. Le siège de Candie se poursuivra pendant un quart de siècle, de 1645 à 1669, mais Venise finira par perdre aussi cette source précieuse pour son économie. Il restait encore la Dalmatie et les brillantes campagnes de Francesco Morosini parviendront à libérer la Morée qui passe à Venise avec la paix de Carlowitz, signée en 1699. Mais cette conquête ne fut aussi que de brève durée car la paix de Passarowitz, signée en 1712, rendit la Morée aux Turcs. A partir de ce moment, la neutralité militaire et politique deviennent une neutralité spirituelle. La ville se met à vivre de ses souvenirs, les conservatoires de musique fleurissent, les maisons de jeux se multiplient; on saisit toute occasion pour se divertir, les visites des étrangers illustres donnent lieu à des corridas et à d'autres agréments fort plaisants. Des gravures de l'époque représentent les scènes, ou mieux, les dispositifs bien compliqués d'où les autorités pouvaient jouir pleinement des spectacles. Vers la fin du siècle, l'histoire de Venise est si riche en événements que la fin de la République passe quasiment inobservée: le 12 mai 1797, le dernier doge, Lodovico Manin, est destitué. La démocratie municipale qui remplace le gouvernement républicain durera jusqu'en octobre de la même année, lorsque Napoléon, par la paix de Campoformio, cède Venise aux Autrichiens, en échange de Milan et de la rive gauche du Rhin.

Francesco
Foscari
(1423-1457)

Leonardo
Loredan
(1501-1521)

Andrea
Gritti
(1523-1538)

Francesco
Morosini
(1688-1694)

PREMIÈRES IMPLANTATIONS
DE LA POPULATION

Les premières populations qui s'étaient installées dans la lagune se stabilisè-rent à l'époque des invasions des Lombards (568), lorsque les Vénètes d'Aqui-leia s'installèrent à Grado et ceux de la région sud s'établirent à Torcello et à Malamocco et s'enfuirent de Padoue pour gagner Chioggia. Il ne reste que peu de vestiges de cette époque: un oratoire construit à Rialto au Vème siè-cle: San Giacometto; une pierre tombale recelée dans l'église de Torcello portant la date de 639 et le nom des représentants impériaux qui élurent les premiers tribuns préposés à l'administration locale ainsi que le nom du con-seiller du roi Théodoric (VIème siècle), Cassiodore, qui donne la description suivante du paysage lagunaire: " Là se trouvent <leurs> maisons, qui ressem-blent à celles des oiseaux aquatiques, tantôt terrestres, tantôt insulaires; et lorsque change l'aspect du lieu, elles ressemblent soudain aux Cyclades, ces habitations dispersées et non fabriquées par la nature, mais fondées par l'industrie des hommes", et il parle de "<leurs> bateaux qu'<ils> attachent à <leurs> murs comme l'on y attache les animaux".

LA GUERRE
CONTRE LES PIRATES

La guerre contre les pirates de la Dalmatie et
de la Narenta, qui peuplaient les côtes orien-
tales de la mer Adriatique, dura plusieurs siècles. Au moment des premières installations,
les pirates menaçaient les habitants au sein
même de la ville. Pour les empêcher de pénétrer dans Venise, on avait tendu de lourdes
chaînes de fer entre les deux rives, à l'embou-
chure du Grand Canal. Puis Venise se renfor-
ça de plus en plus; elle parvint à tenir les pirates sous son contrôle et elle réussit même à les
poursuivre jusque dans leurs refuges situés
sur les côtes dalmates. La lutte contre ces pirates atteignit son apogée sous le Doge Pietro
Orseolo II qui conquit la Dalmatie. A cette
époque, l'empereur de Bysance lui-même fut
contraint de reconnaître la puissance de Venise, en lui concédant des privilèges particuliers
et cette reconnaissance fut ensuite officialisée
par les "noces avec la mer", fête au cours de
laquelle le doge célébrait sa victoire contre les
pirates. Le jour de l'Ascension, ou "Sensa" en
vénitien, le doge, accompagné de la seigneurie et du patriarche, se rendait à San Nicolò
del Lido où, conformément à une ancienne
tradition, il jetait un anneau à la mer en pro-
nonçant la formule rituelle: "En signe d'éternelle domination, Nous, Doge de Venise, nous
t'épousons, ô mer!".

Moscou. Musée Pouchkine.
Antonio Canal, dit Canaletto (1697-1768).
La Fête de la Sensa ou les Noces avec la mer.

LA QUERELLE DES INVESTITURES

La Querelle des Investitures, qui opposa sur la péninsule, au XIIème siècle, le pape et l'empereur qui se disputaient la suprématie de l'autorité religieuse et politique, n'impliqua pas Venise de manière directe. Frédéric Barberoussse, qui venait d'être élu, descendit en Italie pour y rétablir les droits de l'empire

mais les Communes, réunies dans la Ligue Lombarde avec l'aide du pape Alexandre III, parvinrent à battre les milices impériales et à consolider leur autonomie. En 1177, le doge Sebastiano Ziani (1172-78) réussit à organiser à Venise une assemblée dans le but de restaurer la paix, à laquelle prirent part l'empereur, le pape et les représentants des Communes. Une série de tableaux ornant la salle du Grand Conseil dans le Palais des Doges racontent cet événement historique, mais certains épisodes, comme la bataille de Salvore et la reconnaissance du pape devant la Scuola della Carità, sont pure fiction. Cette assemblée consolida le pouvoir du pape qui concéda alors à Venise des privilèges particuliers, dont: le droit d'épouser la mer - Fête de la "Sensa" - ainsi que les attributs de l'autorité ducale, comme le cierge béni, l'épée, le siège, le parapluie, les trompettes et les huit gonfalons. Dès ce moment, le doge ne se déplaça plus sans ces objets symboliques.

CONQUÊTE DE CONSTANTINOPLE

Au début du XIIIème siècle, le doge Enrico Dandolo, âgé de quatre-vingts ans, prépara, dirigea et conclut par de prodigieux avantages commerciaux l'entreprise de la Quatrième Croisade (1202-1204). Pendant deux ans, il approvisionna et fit transporter par bateaux et par galères 30.000 hommes dûment équipés et 16 000 chevaux, partis à la conquête de la côte dalmate et de Constantinople. Une fois les Croisés rassemblés à Venise, le doge exigea qu'ils leur remissent, avant de prendre la mer, tout leur or et leur argent, en paiement du transport et de l'approvisionnement, conformément aux pactes signés dans la basilique de Saint-Marc, pour lesquels ils avaient prêté serment sur l'Evangile. Mais les Croisés ne parvinrent pas à se mettre d'accord et une épidémie de peste se déclara bientôt au Lido, où ils étaient rassemblés et où certains d'entre eux avaient décidé entre temps de renoncer à la Croisade. Le doge proposa alors qu'on lui remît l'or et l'argent qui avaient pu être réunis et de payer la différence par leurs armes. Le doge et les Croisés conquirent Trieste, Zara, la Dalmatie puis Constantinople qui fut complètement pillée. Les Croisés se montrèrent d'une voracité insatiable: les Vénitiens ne furent certes pas moins avides, mais au lieu de penser à leur enrichisssement personnel, ils recherchèrent celui de leur lointaine cité lagunaire. Ils se saisirent des comptoirs commerciaux, d'œuvres d'art, d'or, de bijoux, que Venise expose aujourd'hui encore aux yeux de tous.

(P.16) Palais des Doges, salle du Grand Conseil. La bataille de Salvore (1176). Le doge Sebastiano Ziani fait prisonnier Otton, fils de Frédéric Barberousse.

(P.16) Palais des Doges, salle du Grand Conseil, mur vers la cour. Héritiers de Véronèse: Le pape Alexandre III, arrivé à Venise, est reconnu et il rencontre le Doge Sebastiano Ziani devant la Scuola della Carità.

(P.17) Palais des Doges, salle du Grand Conseil. Francesco Bassano: Le doge reçoit l'épée bénie du Pape .

Palais des Doges, salle du Grand Conseil, mur vers le Môle.
Giovanni Le Clerc, Le doge Enrico Dandolo et les capitaines croisés prêtent serment, dans la basilique de Saint-Marc, avant de partir pour la Terre Sainte.

Palais des Doges, salle du Grand Conseil, mur vers le Môle.
Jacopo Palma il Giovane, l'armée des croisés, avec le doge en tête, donnent l'assaut à Constantinople.

LA LUTTE CONTRE
GÊNES

Palais des Doges, salle du Grand Conseil.
Deux détails du tableau de Paolo Veronese intitulé
Le retour de Chioggia du doge Andrea Contarini.

Palais des doges, salle du Grand Conseil, mur face
au trône
Paolo Veronese: Le doge Andrea Contarini rentre
en ville victorieux, après avoir vaincu à Chioggia
l'armée des Génois (1379).

Aux XIIème, XIIIème et XIVème siècles, les Vénitiens se heurtèrent aux Génois pour la défense du commerce en Méditerranée. Les empereurs de Constantinople, qui privilégiaient tantôt l'un ou l'autre de ces rivaux, aiguisaient ainsi le conflit qui visait à l'anéantissement total de l'un des deux. Après la conquête de Constantinople en 1202-04 par la IVème Croisade, les Vénitiens étaient devenus trop encombrants dans leurs rapports avec l'empereur qui préférait leurs adversaires mais, contraints de défendre la position de suprématie qu'ils avaient conquise, ils attaquèrent en 1257 les Génois à Saint-Jean d'Acre et la pillèrent. La lutte entre les deux villes, qui dura des siècles entiers, est jalonnée de batailles mémorables: Curzola, en 1268, qui se solde par la victoire des Génois (Marco Polo fut lui-même emprisonné à Gênes lors de cette bataille); Alghero, en 1353, avec la victoire des Vénitiens; Porto d'Anzio, en 1378, avec à nouveau la victoire des Vénitiens; Zara, en 1379, avec la victoire cette fois de Gênes, qui fit prisonnier le commandant de la flotte vénitienne, Vettor Pisani. Les Génois poussèrent alors jusqu'à Chioggia, mais les Vénitiens, placés à nouveau sous les ordres de Vettor Pisani et avec l'aide de la flotte de Carlo Zeno, de retour d'Orient, attaquèrent et anéantirent l'adversaire.

ANDREAS CONTARENO DVX
QVI CLODIANAE CLASSIS
IMPERATOR SERVATA PATRIA.
ATROCISSIMOS HOSTES
FELICISSIMÈ DEBELLAVIT.
M.CCC.LXVIII.VIX.POSTEA AN.XIIII.

PLACE SAINT MARC
CÉRÉMONIES ET SPECTACLES

La cérémonie des castelletti. J.Grevembroch, Musée Correr, Venise.

Castellano et Nicolotto. J.Grevembroch, Musée Correr, Venise.

Scène de Carnaval, Place Saint-Marc.

Le Doge fait le tour de la Place en pozzetto.

Masques de carnaval.

La Place Saint-Marc représente l'achèvement parfait des possibilités d'aménagement pour l'espace situé devant les grandes basiliques de l'Antiquité et elle est aussi l'aboutissement d'une évolution qui, au fil des siècles, a soumis les constructions à la fois religieuses et politiques aux contraintes de cet environnement vénitien qui est des plus particuliers. Le jardin des religieuses de San Zaccaria, le canal Batario ou Badoer, qui le traversait, furent bien vite transformés ou enterrés, selon le cas, et la tour de défense qui se dressait devant l'église fut quant à elle "convertie" en campanile. La Place Saint-Marc, qui est la seule à Venise à porter le nom de place, devint aux XIVème, XVème et XVIème siècles le lieu idéal pour réunir tous les citoyens et représenter la ville devant les étrangers. La basilique s'engageait, de son côté, à exercer une forte attraction sur la population, grâce entre autres à ses trois façades riches en éléments religieux - statues représentant des saints, sculptures artistiques et de tradition ancienne - et les habitants venaient prier chaque jour devant ces figures pour implorer une guérison ou pour alléger la peine d'un conjoint condamné. C'était la statue de saint Marc, dont le corps reposait depuis des siècles dans la crypte intérieure, qui dominait la basilique du haut du pinacle central et au nom de qui étaient morts des parents ou des connaissances, sur mer ou sur le champ de bataille. Sous sa statue et son attribut, le Lion, se trouvaient les quatre chevaux, dont les scintillements d'or reflétaient la force et le pouvoir. Ces trésors incomparables, fruits d'une glorieuse entreprise politique et militaire, matérialisaient donc aux yeux de tous l'importance de la Quatrième Croisade et de la conquête de Constantinople. Les habitants de Venise en étaient fiers et ils cultivaient en leur âme leur foi religieuse et leur fidélité à l'Etat La religion et la politique sont les deux lignes directrices qui transparaissent dans l'espace et les bâtiments de la Place. Le fait que les constructions semblent dominées par le vide, qu'elles ne se développent pas à la verticale, s'explique par le goût de la légèreté que l'on cultivait à l'époque de leur réalisation. Les étrangers, les visiteurs ne pouvaient pas tous déceler ces deux composantes de la place, mais le charme qui s'émanait d'elle et qui les subjuguait les incitait à la réflexion et même à s'interroger sur la profonde et ancienne tradition de la ville. Le sage gouvernement de la Sérénissime République avait en effet pour premier souhait que le peuple se sentît l'acteur unique et irremplaçable de son histoire et il visait à mêler les visiteurs étrangers au cours des événements,

même s'ils n'étaient que d'importance secondaire. C'est ainsi que l'espace et la fonction de la Place changent selon les circonstances: elle peut aussi bien être une église aménagée à l'extérieur que le lieu où s'effectuent des tournois - comme celui auquel assista Pétrarque depuis la loge de la Basilique, en 1464 - voire le théâtre de foires lors d'événements commémoratifs, de spectacles de tauromachie, de processions ou de fêtes pendant le Carnaval.

23

LA VENISE OFFICIELLE

La façon la plus agréable de déboucher sur la Place Saint-Marc est d'arriver soit par la rive de la Piazzetta, au sud, soit par les arcades des Nouvelles Procuraties, à l'ouest. La première est l'entrée naturelle pour ceux qui arrivent de la Riva degli Schiavoni, après être arrivés en bateau à l'arrêt de San Zaccaria ou à l'embarcadère de Saint-Marc, mais il faut alors longer les Giardinetti Reali. La seconde manière d'accéder à la Place Saint-Marc est de descendre à l'arrêt Saint-Marc et de prendre la calle Vallaresso. Après être descendus à Rialto et avoir parcouru les Mercerie, les touristes sont saisis d'une merveilleuse impression au moment où ils quittent les ruelles. Que ce soit la Piazzetta ou la Place, toutes deux sont harmonieusement délimitées par des architectures ouvertes, discrètes, à développement horizontal, où les extérieurs jouent avec les intérieurs et où les vides l'emportent sur les pleins. Les édifices de la Place sont les suivants: la Tour de l'Horloge, les Vieilles Procuraties, les Nouvelles Procuraties et dans le fond, le campanile avec sa Loggetta. A l'angle de la Basilique se trouve la Pierre du Ban. La Piazzetta, située sur le côté sud, présente à l'ouest la Bibliothèque Sansovinienne, au sud, les Colonnes de saint Marc et saint Théodore, la façade ouest du Palais des Doges, la Porta della Carta, le groupe des Tétrarques, à l'angle de la tour de la Basilique et, enfin, les piliers de Saint-Jean d'Acre. A l'époque de la Sérénissime, la Place Saint-Marc était le centre politique et religieux, l'espace adéquat pour les processions et les fêtes du Carnaval, pour les célébrations organisées pour l'élection du nouveau doge et pour les réceptions des ambassadeurs. C'est aujourd'hui le lieu où se rencontrent les touristes du monde entier, au milieu des pigeons, de la musique et des carillons. La forme de la place est le résultat d'un travail séculaire qui eut comme point de référence la Basilique et le fait qu'elle ne soit pas située dans l'axe avec la Place laisse penser que les premières constructions se trouvaient sur des îlots séparés les uns des autres. Vers l'an mille se dressait devant l'église une tour de défense et la Place était limitée, dans le fond, par le canal Batario et l'église de San Geminiano. Lorsque l'église atteignit, vers 1265, les dimensions que nous montre la mosaïque de la lunette de Saint-Alipe (Ier portail à gauche de la façade), l'espace qui s'étendait alors devant semblait trop restreint. D'où les travaux de bonification pour l'agrandir; le canal de Batario fut enterré et l'église de S. Geminiano démolie. De la fin du XVème siècle au XVIème siècle, la ligne de développement de la Place suivit la construction des édifices sur les longs côtés et tint compte du campanile situé à l'écart. L'aménagement du côté plus court, face à l'église, présenta au contraire de grandes difficultés pour le gouvernement et le doge dut promettre chaque année de faire reconstruire l'église de S. Geminiano, ce qui fut fait au XVIème siècle (sous la direction de l'architecte Jacopo Sansovino). Quelques années plus tard, ce côté de la Place fit l'objet de nouvelles transformations. Napoléon fit démolir l'église de San Geminiano afin d'obtenir une salle de bal qui donnât sur la Place et il fit ainsi relier les Vieilles Procuraties et les Nouvelles Procuraties au début du XIXème siècle par l'architecte Giuseppe Soli. .

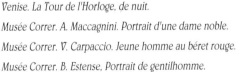

Venise. La Tour de l'Horloge, de nuit.

Musée Correr. A. Maccagnini. Portrait d'une dame noble.

Musée Correr. V. Carpaccio. Jeune homme au béret rouge.

Musée Correr. B. Estense, Portrait de gentilhomme.

La Tour de L'Horloge est une œuvre architecturale de la Renaissance, réalisée sur un projet de Mauro Coducci entre 1496 et 1499. Sur la terrasse qui la recouvre se trouvent les statues en bronze des Maures qui, d'un mouvement de rotation, frappent les heures sur la cloche (elles sont l'œuvre de Ambrogio da le Anchore, effectuée en 1497). La façade se distingue par le bas-relief du Lion, qui se détache sur un fond bleu émaillé, parsemé d'étoiles, ainsi que par les statues de la Vierge à l'Enfant, des Rois Mages et du Héraut. Les Rois Mages et le Héraut sont visibles pendant la semaine de l'Ascension, lorsqu'ils passent en se penchant devant la Vierge et l'Enfant. En dessous se trouve l'horloge qui indique les heures, les phases de la lune, les signes du zodiaque, et le mouvement du soleil (elle a été réalisée par G.Paolo et G.C. Ranieri da Reggio). Il semble que les Vieilles Procuraties aient été conçues par Mauro Coducci et construites par lui-même jusqu'au premier étage avant l'an 1500. Elles furent ensuite restaurées et achevées par Bartolomeo Bon et Guglielmo dei Grigi, puis par Sansovino en 1532. Les Nouvelles Procuraties furent réalisées sur l'emplacement de l'ancien Ospizio Orseolo, sur un projet de Vincenzo Scamozzi, vers 1582, puis terminées par Baldassare Longhena. L'intérieur était divisé en appartements préposés aux neuf Procurateurs de Saint-Marc puis elles ont été transformées en Palais Royal puis elles devinrent le siège du Musée Correr et du Risorgimento.

LA PIAZZETTA
DE SAINT-MARC

C'était donc elle, il allait une fois encore y atterrir à cette place qui
confond l'imagination et dont l'éblouissante,
la fantastique architecture emplissait d'émerveillement et de
respect les navigateurs abordant autrefois le territoire
de la République : l'antique magnificence du palais et le pont
aux Soupirs, sur la rive, les colonnes, le lion, le saint,
la fastueuse aile en saillie du temple fabuleux, la vue sur
la Porte et la Grande Horloge.
T. Mann. "La mort à Venise"

Traduction officielle de Félix Berteaux et Charles Sigwalt.

Ed. Livre de Poche p. 56-57

Les Piliers de Saint-Jean d'Acre, devant la façade sud de la Basilique.
La pierre du ban, à l'angle sud-ouest de la Basilique.
Piazzetta San Marco, au crépuscule.

Bibliothèque de Sansovino.
La Piazzetta de Saint-Marc, de nuit.

La Piazzetta San Marco est un espace tourné vers la mer, flanqué de deux œuvres architecturales remarquables: la façade du Palais des Doges à l'est et la Bibliothèque Sansovinienne à l'ouest. Devant le bassin, on peut admirer les deux majestueuses colonnes monolithiques transportées à Venise depuis le Levant au XIIème siècle, en même temps que la troisième qui est tombée à l'eau pendant les opérations de déchargement et qui ne fut jamais plus retrouvée. Sur le môle il existe une station de gondoles, toujours animée de nombreux gondoliers et touristes, qui généralement se mettent d'accord sur le prix avant de commencer leur tour en gondole. La Bibliothèque Sansovinienne fut conçue et réalisée par Jacopo Sansovino, sur la décision des Procurateurs du gouvernement de donner une digne demeure aux legs précieux que le Cardinal Bessarion avait laissés en dons à la République. C'est une construction à un seul étage, dotée d'arcades doriques et ioniques, enrichie de fresques et de statues. Un vaste escalier mène au premier étage où se trouvent un vestibule et la salle de la bibliothèque. Les meilleurs artistes de l'époque contribuèrent à la décoration par leurs œuvres: Titien par sa fresque intitulée La Sagesse, dans le vestibule, et Jacopo Tintoretto, avec les tableaux des Philosophes; Véronèse, Andrea Meldolla, Battisti Zelotti et d'autres encore par les peintures sur le plafond. Cette salle recèle des œuvres précieuses pour leur ancienneté et leur beauté, comme des miniatures byzantines, des incunables, des éditions vénitiennes du XVIème siècle, sans oublier le bréviaire Grimani. Au pied du campanile se trouve la Loggetta, qui est maintenant le passage obligé pour accéder à la cage du clocher. Cette Loggetta recouvrit différentes fonctions au cours des siècles. Elle fut construite au XVIème, par Jacopo Sansovino après que l'on eut supprimé les boutiques qui encombraient cet endroit et elle fut embellie par les bas-reliefs et les statues réalisés par Sansovino et ses disciples. A l'angle sud-est de la Basilique, on peut voir la Pierre du Ban d'où le "Comandador" lisait les décrets du gouvernement à la population. Le long du côté sud de la Basilique se dressent les deux piliers de Saint-Jean d'Acre. Ces piliers entièrement gravés de monogrammes difficiles à déchiffrer sont un exemple typique de l'art syrien du VIème siècle. La tour carrée adjacente à la Porta della Carta présente, à l'angle, le groupe des Tétrarques, sculptés dans du porphyre, que l'on appelle les Maures mais qui en fait représente les quatre empereurs de l'époque de Dioclétien. On attribue ce groupe à l'art égyptien du IVème siècle après J.-C.

LA PROCESSION DE LA CROIX

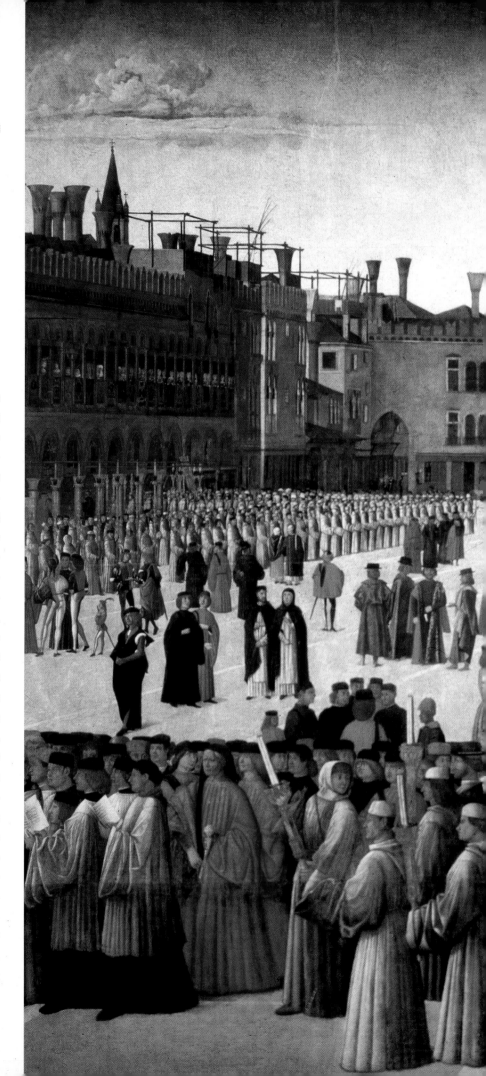

Galeries de l'Académie.
Giovanni Bellini.
La Procession de la Croix
sur la Place Saint-Marc (1496)

Ce tableau montre la Place Saint-Marc, telle qu'elle était à la fin du XVème siècle, ce qui nous permet donc de déceler les changements advenus depuis. L'élément nettement mis en évidence est la façade de la Basilique, qui présente aujourd'hui toutes ses décorations caractéristiques. Les colonnes, en marbres précieux et rares et les chapiteaux, dont huit surmontent les colonnes de l'entrée principale, sont dorés. Les arcades des portails sont recouvertes d'or, les lunettes présentent un cycle de mosaïques qui racontent l'arrivée à Venise du corps de saint Marc. Aujourd'hui les dorures ont presque toutes disparu et les mosaïques des quatre lunettes de droite ont été remplacées au cours des XVIIème et XVIIIème siècles. Il ne reste des mosaïques d'origine que celles de la lunette du portail de Saint-Alipe, le premier de la façade, à gauche. Les mosaïques situées dans les vastes lunettes de la partie supérieure ont été remplacées à une époque plus proche de la nôtre. Les quatre chevaux resplendissent au milieu de la façade. Les Procuraties situées à gauche sont une construction à un étage, de l'époque byzantine, réalisée sous le doge Ziani. Il manque la Tour de l'Horloge. Les toits portent aujourd'hui encore ces cheminées typiquement vénitiennes. Le sol est recouvert de briques, qui seront remplacées par des dalles de trachyte des Monts Euganéens au XVIIIème siècle. Dans ce tableau, la Place paraît dans tout son faste et toute sa splendeur.

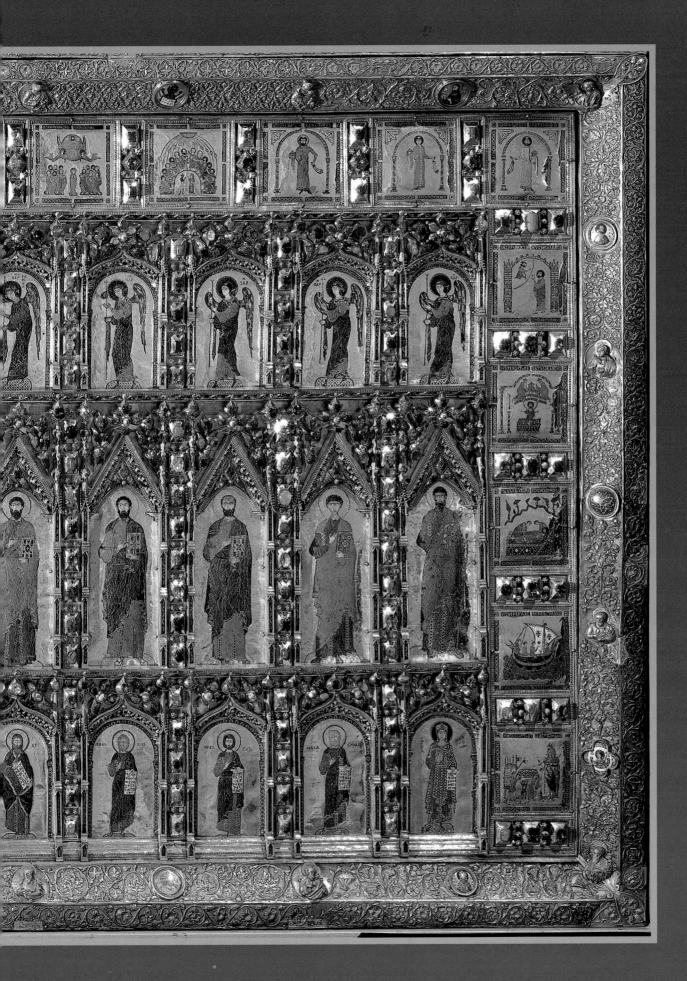

BASILIQUE SAINT-MARC LES MOSAÏQUES

Abside, cuvette.
Saint-Marc, mosaïque fin XIème, début XIIème.

Grand arc ouest de la coupole du milieu.
Les Maries au tombeau (mosaïque du XIIIème).

La décoration en mosaïques est utilisée dès l'Antiquité pour décorer les pavements, les murs et les plafonds, au moyen de techniques diverses: pierre, marbre, terre cuite, céramique, verre. La technique de la mosaïque consiste à enfoncer des petits fragments dans une base où le sujet a été préalablement dessiné. Les caractéristiques d'une école de mosaïque dépendent de la dimension des fragments utilisés, du procédé de fixation et du système de réalisation. Une mosaïque peut être fabriquée sur place ou sur un carton dont la scène sera transférée plus tard à sa place définitive.

A Saint-Marc, la décoration de mosaïques est réalisée au moyen de fragments de verre contenant une feuille d'or, et de marbre coloré. La décoration s'étend sur des siècles, et l'on peut identifier les grandes lignes de ces diverses périodes. La décoration remontant au Doge Domenico Selvo (1071-84); la décoration de l'Ecole Vénète locale des XIIème et XIIIème siècles et la décoration du Baptistère et de la Chapelle S. Isidore au XIVème siècle. La reprise de l'art de la mosaïque grâce à Paolo Uccello et Andrea del Castagno, venus de Florence, marque le début d'une école locale très active. Dans la seconde moitié du XVème siècle, Michele Giambono donne un exemple de la grande maîtrise de cette école grâce à la décoration de la Cappella dei Mascoli. Débuts de la peinture en mosaïques (fin du XVème siècle). Les peintres donnent un dessin réalisé sur carton, dans lequel ensuite on enfonce les tesselles (Nouvelle Sacristie; XVIème siècle). Cette technique demeurera inchangée pendant les siècles suivants, durant la restauration ou la rénovation des mosaïques détériorées.

La décoration, qui couvre toute la superficie intérieure en embellissant les coupoles, arcs de différentes tailles et les murs, couvre une superficie de 4000 m2.

Mosaïques du narthex (en suivant de droite à gauche). Coupole. La Création du Monde (XIIIème siècle). Lunettes, Histoires d'Abel et Caïn. Voûte. Histoires de Noé et Déluge Universel. Voûte. Histoire de Noé et Construction de la Tour de Babel. Coupole et Lunettes. Histoires d'Abraham. Coupoles, Lunettes. Histoires de Joseph. Niche, Jugement de Salomon (œuvre de V.Bianchini, dessins de J.Sansovino); Coupole, Lunettes, Histoires de Moïse.

Mosaïques de l'intérieur. Au-dessus du portail central. La Deesis. Arc de l'Apocalypse. Scènes de la Vision de saint Jean l'Evangéliste (F. et A.Zuccato, XVIème siècle). Arc du Paradis. Scènes du Jugement Universel (œuvre de B.Bozza, dessins de J.Tintoret; 1577-91). Sur les côtés. Apôtres et Anges (œuvre de B.Bozza, G.Marini, A.Gaetano, dessins d'Antonio Vassillacchi, l'Aliense; 1591-1612). En bas. Les Damnés (œuvre de A.Gaetano, dessins de Maffeo Verona; 1613-19). En bas. Les Elus (œuvre de G.Marini, A.Gaetano, dessins du D.Tintoret; 1602-09). Coupole de la Pentecôte. La composition grandiose de cette mosaïque où est symbolisé l'Esprit Divin descendant sur la tête des Apôtres sous forme de langues de feu reflète d'une façon particulière le goût et la technique de Byzance (2ème moitié du XIIème siècle). Mur de gauche, en bas. Jésus parmi quatre Prophètes.(XIIIe siècle). Mur du fond, en haut. Le Paradis (A.Gaetano, G.Pasterini, dessins de G. Pilotti; 1628-1631). En haut, voûte. Actes des Apôtres. La Vierge parmi quatre Prophètes (école vénète; XIIIème siècle. Murs du fond. La Prière de Jésus dans le Jardin (XIIIème siècle. En haut, voûte. Actes des Apôtres (école vénète; XIIème-XIIIème siècles). Coupole de l'Ascension. Cette décoration en mosaïques date de la première moitié du XIIIème siècle; elle relate l'Ascension du Christ au Ciel et montre la Vierge et les représentations de la Vertu et de la Béatitude, et atteint un très haut niveau artistique. Scènes de la Passion avec une Crucifixion grandiose (moitié du XIIIème siècle. Miracles du Christ (refait au XVIème siècle; dessins du Tintoret, Véronèse et autres). Coupole de saint Jean l'Evangéliste ou de la Vierge. Ces mosaïques représentent les Pères de l'Eglise et illustrent Les actes de la vie de saint Jean l'Evangéliste (fin du XIIème siècle). Arc, mur du fond. Actes de la Vierge et de l'Enfance de Jésus (XIIème-XIIIème siècles). Etage inférieur. Actes de la Vie de sainte Suzanne (rénovation du XVIème siècle. Voûte. Miracles du Christ (XIIème-XIIIème siècles); mur du fond. Arbre généalogique de la Vierge (œuvre de V.Bianchini, dessins de G.Salviati; 1542-51). Voûte. Actes de la Vie du Christ. Vie du Christ (refait au XVIIème siècle). Mur du fond. Actes de la Vie du Christ, (refait au XVIIème siècle). Arc. Scènes de la Vie du Christ (XIIème-XIIIème siècle). Ces mosaïques rappellent l'école de Ravenne. Coupole saint Léonard ou du Sacrement (début du XIIIème siècle). Voûte. Episodes de la vie de la Vierge (refait au XVIIème siècle). Mur du fond. Présentation de la Vierge au temple (XVIIème siècle). Etage inférieur. La découverte du Corps de saint Marc (Seconde moitié du XIIIème siècle). Cette mosaïque représente d'une façon sommaire l'intérieur de la Basilique et le miracle de la découverte du corps de saint Marc en 1094. Le corps avait été caché en 1063. Arc. Quatre Saints: Antoine et Vincent, de Silvestro sur des dessins de Andrea del Castagno; Bernardino et l'Hermite Paul, œuvre d'Antonio sur des dessins de Paolo Uccello. Arc, voûte. Miracles de Christ (XIIème-XIIIème siècles). Mur du fond (refait au Xème siècle) sur des dessins de Pietro Vecchia. Actes de saint Léonard. Arc. Episodes de la Vie du Christ (œuvre de G.A. Martini, dessins du Tintoret; 1587-89). Les Prophètes annoncent la Religion du Christ (XIIème siècle). Abside. Christ Bénisseur (Pietro mosaïste, 1506). En-dessous, entre les fenêtres. Les Saints Patrons de Venise: saint Nicolas, saint Pierre, saint Marc, saint Hermagoras (XIème-XIIème siècles). Ces mosaïques, très influencées par l'école byzantine, font partie des rares vestiges de la première décoration en mosaïque remontant au Doge Domenico Selvo (1071-85). Actes de la Vie de saint Marc et de saint Pierre (début du XIIème siècle). Actes de la Vie de saint Marc.Voûte. Enlèvement du corps de saint Marc à Alexandrie. C'est l'une des plus anciennes mosaïques de l'église (XIème-XIIème siècles). Mur du fond. Episodes de la Vie de saint Clément. Notez Abel et Cain, seules représentations tirées de l'Ancien Testament à l'intérieur de l'église (XIIIème s.).

Nef latérale, mur du fond. Prière de Jésus au Jardin des Oliviers, mosaïque (XIIIème s.)

Mosaïque de la découverte du corps de saint Marc (seconde moitié du XIIIème s.) Transept droit.

BASILIQUE SAINT MARC

LE CŒUR DE LA
RELIGIOSITÉ

"Les coupoles, les voûtes de l'église de
Saint-Marc avec leurs façades latérales sont entièrement recouvertes d'images; tout est plein de figures de toutes
les couleurs, sur un fond d'or, et tout est
en mosaïque"

J. W. Goethe. Voyage en Italie

La Basilique Saint-Marc,
prise depuis la Tour de l'Horloge.

Basilique Saint-Marc. Façade ouest.

La construction de la Basilique commença au IXème siècle, lorsque deux marchands, Buono di Malamocco et Rustico di Torcello transportèrent le corps de l'évangéliste saint Marc depuis Alexandrie d'Egypte. La Basilique de Saint-Marc fit avant tout fonction de chapelle ducale. C'était le doge qui nommait le procurateur, le primicier et les chapelains. Du fait de ce rôle à la fois politique et religieux, qui s'affina au cours des siècles, on apporta à la Basilique le plus grand soin et on orna aussi bien l'intérieur que l'extérieur d'œuvres d'art, d'ors et d'objets précieux, comme les boucliers des doges. C'est dans Saint-Marc que les populations asservies reconnaissaient le gouvernement de la Sérénissime République. Il est difficile de distinguer les quelques décorations qui sont restées de la première église des Partecipazio (832). La deuxième église, restaurée par Pietro Orseolo le Saint (en 976), conserva la forme et les dimensions de l'église précédente. La troisième église de San Marco, consacrée en 1094 sous le doge Vitale Falier, mais déjà achevée sous Domenico Selvo, est celle que nous voyons aujourd'hui. La Basilique est une construction aux dimensions relativement modestes, présentant trois façades et cinq coupoles. La façade ouest s'ouvre sur cinq portails surmontés d'arcs; elle se compose d'une loggia et s'achève sur de grands arcs ornés de sculptures gothiques. En haut, sur l'arc principal se trouve la statue de saint Marc et, en dessous, son attribut, le Lion ailé. Si l'on part du principe que la façade reflète l'intérieur, on peut dire qu'elle constitue l'autel de la place, qui est le prolongement de l'église elle-même.

FAÇADE OUEST

Les sculptures des trois arcs du portail central ont été réalisées au XIIIème siècle par des maîtres de l'école antélamique, qui faisaient comprendre la vie au peuple grâce entre autres à des symboles. Ces sculptures représentent les mois, les signes du zodiaque, les Vertus, les Béatitudes, et les métiers des grands maîtres vénitiens. Les mosaïques des lunettes et des grands arcs de la façade ouest racontent l'histoire du corps de saint Marc: *La translation de la dépouille d'Alexandrie* (I° arc à droite: Pietro Vecchia, 1660 environ). Et *l'arrivée à Venise* (2° grand arc à droite: Pietro Vecchia, 1660 env.). *La dépouille est vénérée par la seigneurie* (arc à gauche du portail principal; mosaïque de L. dal Pozzo, 1728-29). *Le corps de saint Marc transporté dans l'église* (2° arc à gauche). Les mosaïques des grandes lunettes du haut racontent l'histoire de la dépouille du Christ: *la Déposition, la Descente dans les Limbes, la Résurrection, l'Ascension* (par A. Gaetano, sur des cartons de Maffeo Verona, 1617-18). Les battants en bronze des portails furent réalisés aux XIIIème et XIVème siècles. On peut lire une date et un nom à gauche: *MCCC Magister Bertuccius Aurifex Venetus.* Vers la fin du XIVème siècle, on entreprit le couronnement gothique, orné de feuillages et d'édicules. Cette œuvre fut commencée sous la direction des Delle Masegne et continuée les années suivantes avec l'aide de nombreux sculpteurs, dont certains provenant de Toscane. Il semble que ces artistes toscans aient contribué de manière remarquable à cette décoration, avec la collaboration de Nicolò Lamberti, de son fils Pietro et d'autres artisans de son cercle. Nous étions à l'aube du XVème siècle et l'art florentin connaissait alors un goût nouveau et une sensibilité différente qui débouchèrent sur les œuvres de l'Humanisme et de la Renaissance. Les sculptures des Lamberti reflètent d'ailleurs ces nouvelles influences artistiques.

Basilique Saint-Marc. Portail central.

*Basilique Saint-Marc, façade ouest.
Couronnement gothique (détail)*

*Basilique Saint-Marc, façade principale.
Portail de Saint-Alipe. Mosaïque de la cuvette.*

Basilique Saint-Marc, petite coupole de la Création. Adam et Eve.
Basilique Saint-Marc. Narthex.

Narthex Saint Luc (mosaïque).
Narthex Saint Jean (mosaïque).

L'atrium ou narthex est richement décoré mais peut-être n'est-il pas admiré comme il le mériterait du fait de ses dimensions exiguës. Observons un moment le pavement de marbre des XIème et XIIème siècles. Devant le portail central, au milieu de la plaque en marbre rose de Vérone, on peut voir un petit losange qui indique l'endroit où l'empereur Frédéric Barberousse a rencontré le pape Alexandre III, le 23 juillet 1177. Le mur face à l'entrée est enrichi de nombreuses colonnes surmontées de précieux chapiteaux. Le nombre et la variété des colonnes et des chapiteaux de la Basilique s'explique par une tradition séculaire, selon laquelle les bateaux provenant des ports de la Méditerranée devaient rapporter, à leur retour, quelque chose de précieux pour la décoration de Saint-Marc et des autres églises de la ville. L'atrium se distingue surtout par ses douze colonnes de marbre rare, surmontées de chapiteaux en forme de coquillages de style byzantin du XIème siècle et par les copies des colonnes qui encadrent les portes secondaires surmontées, elles, de chapiteaux sculptés représentant des aigles et des têtes de lion qui, si l'on en croit la légende, proviennent du temple de Salomon de Jérusalem. Les battants de la porte en bronze de San Clemente sont tout à fait remarquables; ils datent du XIème siècle et ils auraient été envoyés de Constantinople par l'empereur Alexis Comnène.

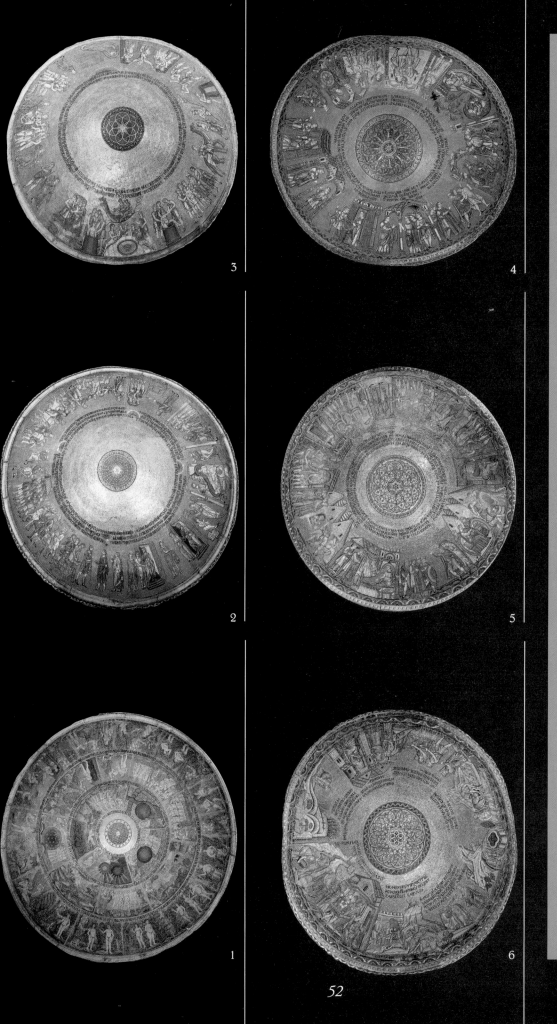

3

4

Basilique de Saint-Marc
Nef centrale.
Coupole de l'Ascension
On voit le Christ en gloire
parmi les lumières et les
étoiles, la Vierge et les
douze apôtres.

Nef latérale droite
La Vierge en prière entre
quatre prophètes
Isaïe, David, Salomon et
Ezéchiel.

2

5

1

6

BASILIQUE
SAINT-MARC

INTÉRIEUR

La structure architecturale de la basilique s'organise autour d'un espace central, qui est le point de rencontre et d'intersection de la nef avec le transept, qui sont flanqués l'un et l'autre de deux nefs secondaires. L'église, en forme de croix grecque, s'élève sur trois niveaux distincts: celui du narthex, celui de l'intérieur et celui du presbytère. On accède à l'intérieur en traversant le narthex et en montant sept marches. La construction est orientée en fonction des points cardinaux : l'axe presbytère-façade de direction est-ouest et l'axe du transept, de direction nord-sud. Cette orientation n'est pas seulement importante pour la tradition qu'elle reflète, et qui remonte aux plus anciennes civilisations, mais aussi pour la fonction que revêt la lumière et qui consiste à amplifier l'espace grâce aux jeux de reflet des mosaïques. Les murs sont recouverts de plaques de marbre de couleurs différentes, dont les veines parviennent à former de véritables dessins; les tribunes sont soutenues par des colonnes et des chapiteaux raffinés. Des mosaïques de verre décorent l'intérieur tout entier, ainsi que les coupoles, les grands arcs et les arcs mineurs, en couvrant ainsi une superficie de 4000 mètres carrés.

Basilique de Saint-Marc
Jacobello et Paolo delle
Masegne, Iconostase.

Basilique de Saint-Marc
Nef centrale et presbytère.

TRANSEPT SUD ET ROSACE GOTHIQUE

On voit, au premier plan et en raccourci, la coupole de l'Ascension avec quelques Vertus; saint Jean et saint Luc, l'un absorbé dans ses pensées et l'autre montrant l'Evangile; en dessous, représentation de deux fleuves saints; dans le grand arc de droite, la trahison de Judas et les Maries rassemblées autour de la Croix; dans le grand arc opposé, le Baptême du Christ.

PRESBYTÈRE
MAÎTRE-AUTEL
ET
RETABLE D'OR

*L'ensemble du presbytère, l'iconostase et le maître-autel vu du transept.
De chaque côté de l'escalier, les fenêtres éclairant la crypte..*

Il est nécessaire de distinguer les trois niveaux de la structure de l'église qui correspondent à des degrés différents de sacralité, dont le point culminant se trouve dans le presbytère. En outre, le presbytère est isolé et en communication directe avec le Palais des Doges, du fait de sa fonction de chapelle du Palais: ainsi le doge pouvait-il assister, depuis une fenêtre, aux offices sacrés. Le sol, qui date du XIIème siècle, se compose de mosaïques de marbre dites *"opus sectile"* et *"opus tessellatum"* représentant des animaux, des losanges, des roues et différentes figures géométriques de sens symbolique et du plus haut intérêt. L'iconostase est un pan de marbre qui isole le presbytère. C'est l'œuvre de Jacobello et Pierpaolo Delle Masegne, réalisé en plaques de marbre et avec des colonnes et des chapiteaux qui soutiennent les statues de la Vierge, des Apôtres et de saint Jean Evangéliste. Elle date de 1394 et la solidité de ses formes fait d'elle une œuvre gothique de très grande valeur artistique. La croix de bronze et d'argent, suspendue au milieu, a été réalisée par Jacopo di Marco Bennato. A remarquer également l'ambon, dit de l'Epistola (ou Epître), soutenu par neuf colonnes et orné d'un parapet de porphyre et de jaspe. C'est d'ici que le doge nouvellement élu se présentait au peuple et sur le côté opposé, on peut voir le double ambon du XIVème siècle, constitué de deux niveaux, le bas étant réservé à l'épître et la partie supérieure à l'évangile. Il est recouvert d'une coupole sphérique, d'origine mauresque et il est orné d'éléments anciens. Dans la partie antérieure du presbytère, à droite, se trouve l'endroit qu'occupaient le doge et la seigneurie pendant les célébrations solennelles. C'est ici que se trouvait le siège ducal.

Pendant les cérémonies, les murs et le sol étaient couverts de précieux tapis et de tapisseries. Les tribunes des chanteurs sont embellies par des balustrades ornées des reliefs de Sansovino qui racontent les miracles opérés par saint Marc. Le maître-autel est lui-même délimité par une balustrade présentant les statues des quatre Evangélistes, réalisées aussi par Jacopo Sansovino (1550-52). Il est surmonté d'un ciboire d'un vert ancien, soutenu par quatre colonnes d'albâtre dont les reliefs narrent la vie de la Vierge et du Christ. Les chapiteaux datent du XIIème siècle. On ne connaît pas très bien la provenan-

Le presbytère avec le ciborium soutenu par les colonnes sculptées et le Retable d'Or.

ce de ces colonnes non plus, mais l'unité stylistique laisse penser qu'elles proviennent du même lieu et qu'elles ont été réalisées par des artistes différents, l'un de Ravenne et l'autre de Byzance. Même si l'on tend à les dater du VIème siècle, les critiques ne sont pas tous d'accord sur ce point. Ces colonnes, qui produisent toujours un grand effet, auraient été apportées à Venise depuis la Dalmatie - Santa Maria in Canneto - par le doge Pietro Orseolo II. La pierre qui constitue l'autel est le sarcophage où repose la dépouille de

saint Marc; qui a été conservée pendant de longs siècles dans la crypte située au-dessous. Dans la partie postérieure se trouvent, en plus du Retable d'Or, l'autel du Sacrement doté de colonnes d'albâtre et de marbre. La porte de la sacristie est un chef-d'œuvre de Jacopo Sansovino (1546-69), orné des bas-reliefs de la *Résurrection* et de la *Déposition*. Cette œuvre s'inspire de la porte du baptistère de Florence, réalisée par Lorenzo Ghiberti. A bien remarquer les portraits d'artistes de l'époque.

Le musée de Saint-Marc fut aménagé à l'endroit où travaillaient les mosaïstes de la Basilique, dont sont exposées certaines œuvres. Les autres salles recèlent des tableaux, des dentelles, des tapisseries et des tapis. Rappelons le trône ducal. On donna à la loge extérieure le nom de "Loge des Chevaux" au XIIIème siècle, lorsque l'on y installa les chevaux transportés depuis Constantinople. La Loggia présente aujourd'hui les copies des originaux qui se trouvent dans le musée. La chapelle Zen fut aménagée dans l'angle sud-ouest du transept entre 1504 et 1521 pour la tombe du cardinal G.B. Zen. Les mosaïques, soigneusement restaurées, datent du XIIIème siècle. Le baptistère fut installé dans le bras sud du narthex au XIVème siècle, à l'époque du doge Andrea Dandolo (1342-54), dont le corps est conservé dans l'urne suspendue sur le mur face à l'entrée. L'œuvre la plus importante de cette salle est constituée par les fonts baptismaux, réalisés au XVIème siècle par Jacopo Sansovino et ses disciples. Cet artiste repose d'ailleurs devant l'autel. Les mosaïques qui racontent la vie de saint Jean Baptiste et de l'enfance de Jésus furent achevées vers le milieu du XIVème siècle. Le trésor de Saint-Marc, riche d'objets anciens et précieux, pour leur facture et pour l'art avec lequel ils ont été réalisés, est réparti dans trois

Basilique Saint-Marc. La Crypte.

Basilique Saint-Marc. Le baptistère avec les fonts baptismaux.

salles: l'Antitrésor, le Sanctuaire et le Trésor. Chaque ouvrage exposé est accompagné d'une légende portant son nom et la date de sa réalisation. Dans le Trésor étaient conservés aussi la Zoia ou Corne Ducale, ainsi que les couronnes de Chypre et de Candie. A la chute de la République, en 1797, l'or a été fondu dans la Zecca (ou Hôtel de la Monnaie) et les pièces précieuses vendues aux enchères. Les œuvres les plus intéressantes de la sacristie sont les mosaïques du plafond et les marqueteries ornant les armoires. La crypte occupe la partie s'étendant sous le presbytère. C'est un lieu très bas de plafond et riche de colonnes surmontées de précieux chapiteaux. Les restaurations récentes lui ont redonné la noblesse artistique qu'elle avait au départ.

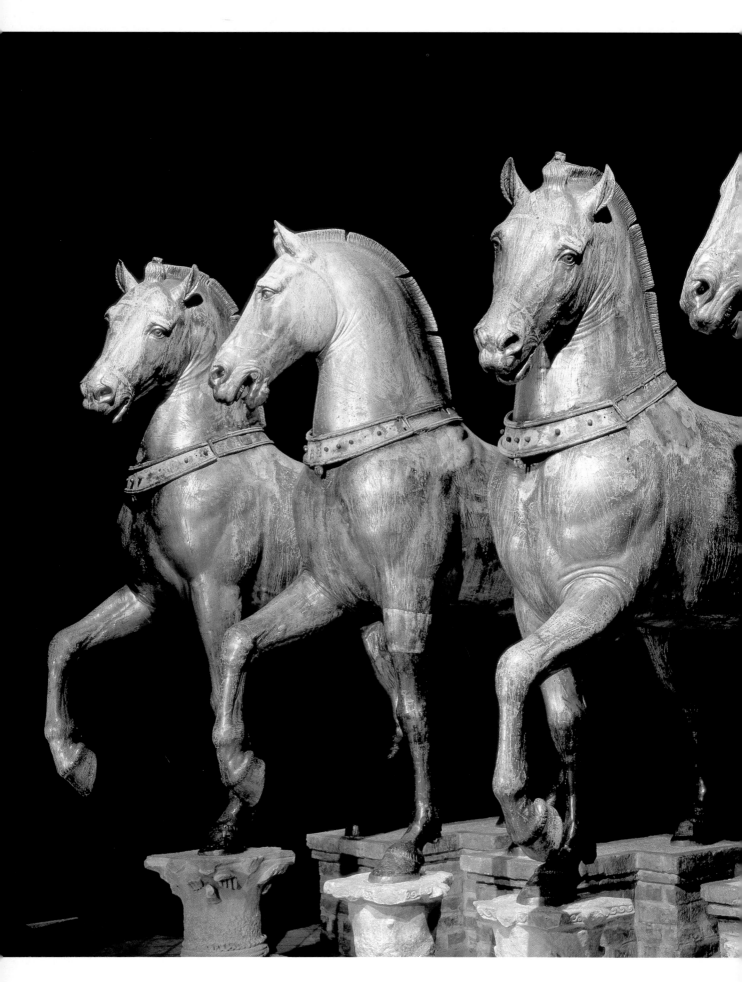

LES
QUATRE CHEVAUX

DANS LE MUSÉE
DE LA BASILIQUE

On ignore encore aussi bien la date que la provenance et de quel métal sont faits les Quatre Chevaux pris dans l'hippodrome de Constantinople en 1204, lors de la IVème Croisade. Les critiques ont avancé différentes hypothèses: la Grèce et Rome, le bronze et le cuivre, le IVème siècle av. J.-C. ou le IIème ap. J.-C., et même les études les plus récentes ne parviennent toujours pas à donner de renseignements précis. Pour Venise, les Quatre Chevaux furent, dans les siècles passés, un symbole de force et de puissance; aujourd'hui, pour ceux qui les admirent, ils constituent une œuvre d'art très ancienne et raffinée. Après la conquête, Napoléon les fit transporter à Paris, d'où on les récupéra en 1815 pour les remettre à la place qu'ils avaient occupée des siècles durant, c'est-à-dire sur la façade de la Basilique.

Scuola de San Rocco. Le Titien.
Le Christ Porte-Croix.

Basilique de Sainte Marie des Frari.
Giovanni Bellini, Triptyque (Détail).

Palais des Doges, salle du Collège, plafond.
P. Véronèse, Venise, la Paix et la Justice.

L'art vénitien, qui comprend l'architecture, la sculpture, la peinture et quelques arts mineurs, est né et s'est développé au contact de Constantinople, qui a représenté la civilisation la plus avancée du Bassin Méditerranéen de la chute de l'Empire Romain d'Occident à la conquête de la capitale des Turcs au XVème siècle. L'influence byzantine transparaît dans les chapiteaux, les pluteus, les décorations des vases et des objets sacrés reposant sur les autels. Venise, qui avait également été au contact du monde occidental, subit en même temps l'influence austère de l'art roman qui s'affirmait peu à peu dans l'Italie du Nord à Parme, Modène et Vérone. Aux XII-XIIIèmes siècles, les sculptures des voussures du portail central de la Basilique de Saint-Marc révèlent très nettement le style de l'école de Benedetto Antelami. Au cours des XIVème et XVème siècles sont actifs à Venise des sculpteurs locaux comme De Sanctis, Dalle Masegne et les Bon. Mais Venise accueille au même moment d'autres sculpteurs provenant de la Toscane: Giovanni et Nino Pisano, Nino di Bartolomeo il Rosso, Giovanni di Martino da Fiesole, Andrea del Verrocchio. Venise accueille aussi, venus de Lombardie et du lac de Lugano, les Lombardo: Pietro, Antonio et Tullio, ainsi que Mauro Coducci, Antonio Rizzo et Sebastiano di Lugano. La peinture tirait alors ses origines de la mosaïque, que les maîtres locaux et les maîtres de Byzance avaient travaillée pendant des siècles. Parvenu à son dernier souffle, cet art retrouva sur place une sève nouvelle avec les Florentins Paolo Uccello et Andrea del Castagno. Les premiers peintres connus sont Paolo et Lorenzo Veneziano, Jacobello del Fiore, Giambono, qui ont réalisé un certain nombre de polyptyques dans le style byzantino-gothique, ainsi que Gentile da Fabriano et Antonio Pisano dit Pisanello. Jacopo Bellini et Antonio Vivarini sont les chefs de file, au XVème siècle, de deux grandes familles de peintres: le premier inaugure un style de peinture qui s'affirmera, avec son fils Giovanni, comme la plus adaptée à l'esprit de la ville. Les Vivarini, Antonio, Alvise et Bartolomeo resteront peut-être plus solidement attachés aux schémas gothiques et à la tradition populaire. Andrea Mantegna, Crivelli et Antonello da Messina, qui fit connaître la peinture à l'huile, permirent à la peinture vénitienne de s'affirmer définitivement. Vittore Carpaccio et Gentile Bellini eurent le mérite d'affiner, entre le XVème et le XVIème siècle, les éléments traditionnels de la couleur et de la lumière dans des tableaux restés célèbres pour la transparence de l'air, l'éclat de la couleur, le faste des vêtements et le soin apporté aux détails. Le peintre le plus complet, qui sut majestueusement développer ces différentes tendances, fut Giorgione di Castelfranco (1478-1510). La peinture de Giorgione se base sur la tonalité de chaque couleur et sur le rapport de saturation advenant entre chacune de ces couleurs et elle exalte la beauté de la nature dans toutes ses manifestations. Chacun de ses tableaux recèle un message transmis par le personnage principal du paysage et du point de vue du contenu, il se rattache au mouvement philosophique de l'aristotélisme qui s'est développé en ces années dans certains milieux de la société vénitienne. Le XVIème siècle est le grand siècle de l'école de Vénétie. Les œuvres des autres grands peintres comme Titien, Le Tintoret et Véronèse, firent connaître la peinture vénitienne en Italie et en Europe. Leurs tableaux sont exposés dans les églises, les galeries et les musées de Venise et du monde entier. Parmi les peintres de ce siècle, qui se distinguèrent par leur personnalité, citons Vincenzo Catena, Giambattista Cima Da Conegliano, Francesco Da Ponte, Sebastiano Luciani del Piombo, Jacopo Palma il Vecchio, Lorenzo Lotto, Giovanni Antonio Sacchiense dit Pordenone, Pâris Bordone, Jacopo da Ponte dit Bassano et Jacopo Palma il Giovane. Si le XVIIème siècle observe une phase de ralentissement, la peinture connaît au siècle suivant une nouvelle période d'épanouissement grâce au travail de G.B. Piazzetta, G.B. Tiepolo, puis de Canaletto et Guardi. Après la chute de la République, la peinture de la Vénétie participe aux mouvements nationaux et internationaux, même si les artistes n'oublient pas leur goût pour la lagune. Venise demeure d'ailleurs aujourd'hui encore un centre artistique d'importance mondiale. Son architecture civile est de tradition byzantine. La distribution de ses maisons est régentée par de grands espaces vides, nécessaires pour le mouvement des marchandises: les façades se hissent sur des colonnes hautes et frêles, qui permettent aux bateaux d'accoster et de décharger les produits qui sont entreposés à l'intérieur, sous un porche flanqué d'une double rangée de salles superposées. Les pièces situées au-dessus, à l'entresol ("mezà"), servent de bureau et de dépôt. La cour intérieure, sur laquelle débouche ce porche, a aussi une fonction de dépôt. Le "portego" ou salon, au premier étage, qui épouse les arcs de la façade, présente de chaque côté des pièces fonctionnelles comme les toilettes, les cuisines, les chambres. La maison-entrepôt, qui se compose d'un rez-de-chaussée et d'un premier étage, suit le schéma tripartite et elle est dotée aux angles de parties pleines, dites "Torreselle" ou tourelles. Le berceau de l'église vénitienne se situe à Torcello, en l'église de Santa Maria Assunta, typique construction véneto-byzantine du XIème siècle, qui ressemble fort à la première construction effectuée au VIIème siècle (639) sur le même emplacement. Elle est construite selon le plan des basiliques romanes, avec une vaste nef centrale et deux petites nefs latérales; le chœur est doté d'une iconostase, d'un maître-autel datant du VIIème siècle, d'un presbytère auquel on accède par des marches et de la chaire de l'évêque. L'église de Santa Fosca, située aussi à Torcello, à plan central et ornée d'une colonnade à l'extérieur, peut constituer l'autre point de référence, pour la raison aussi qu'elle date de la même époque que la basilique de Saint-Marc. L'église de Venise se développe selon ces deux lignes de base: le plan circulaire et le plan basilical. La basilique de Saint-Marc est construite sur un plan circulaire, comme l'église de Santa Maria Formosa. Un des traits caractéristiques que ces trois constructions possèdent en commun pourrait être leur soubassement, de peu d'importance; s'il se dégage un peu plus nettement à Saint-Marc, ceci s'explique par la fonction différente que revêtait la chapelle privée du doge. Le plan basilical est repris à l'époque gothique et il s'affirme dans deux constructions dont les dimensions sont peu adaptées au milieu vénitien; il s'agit des églises de S.S. Giovanni e Paolo et de S. Maria Gloriosa dei Frari. La Renaissance confirmera la tendance au plan basilical, dont le modèle est la construction profane de la basilique romane, repris par Andrea Palladio (1508-80) qui réalisa, entre autres, les deux célèbres chefs-d'œuvre que sont l'église de Saint-Georges Majeur et l'église du Rédempteur. L'église de S. Maria della Salute, chef-d'œuvre de l'architecte Baldassare Longhena (1598-1682), de style baroque, est à plan circulaire et elle s'élève sur un soubassement fortement marqué.

Palais des Doges, salle de l'Anticollège. Jacopo Tintoretto, Mercure et les Grâces.

Palais Labia. G. B. Tiepolo, le départ de Cléopâtre.

Ca' Rezzonico. G. Domenico Tiepolo. Les clowns.

LE PALAIS DES DOGES

LE
CENTRE POLITIQUE

Le Palais des Doges recèle d'immenses trésors artistiques: des salles aux plafonds dorés et réalisés
en marqueterie, des tableaux d'artistes aux noms
prestigieux, de vastes espaces où l'architecture
des siècles passés a créé au fil des siècles une at-
mosphère particulière. Ce palais reflète le luxe et
le prestige dont savait s'entourer la Sérénissime
République. C'était à la fois l'habitation du doge,
le siège du gouvernement et le palais de Justice.
Les fonctions recouvertes par les différentes salles changèrent avec le temps. On peut dire, toutefois, qu'au premier étage se trouvaient les bu-
reaux, ainsi qu'au deuxième, où étaient également aménagés la salle de justice, deux salles de
réunion pour les magistratures et l'appartement
privé du doge. Au troisième étage, dans l'aile
s'étendant vers le canal du palais, se trouvaient
les salles du Suprême Conseil du Gouvernement
et la Suprême Cour de Justice; sous le toit et au
rez-de-chaussée étaient installées les prisons, ap-
pelées *"Piombi"* ou Plombs, du fait de la couver-
ture du toit en plomb, et *"Pozzi"* ou Puits, du fait
qu'elles se trouvaient juste au niveau de l'eau.

*Palais des Doges (raccourci). La façade donnant
sur la Piazzetta, où l'on voit clairement qu'à chaque arc du rez-de-chaussée en correspondent
deux au premier étage.*

Au rez-de-chaussée étaient aménagés les cuisines, les services et les salles pour le corps de garde. On en commença la construction au IXème siècle à l'époque byzantine: elle était de forme carrée, dotée de trois tours et dans la cour se dressaient quelques bâtiments isolés. Ce premier ensemble fut détruit par différents incendies. Au XIVème siècle, le palais fut reconstruit de fond en comble. Les travaux commencèrent au niveau du pont de la Paglia et se poursuivirent jusqu'à la statue de la Justice, située sur la façade vers la Piazzetta. Les travaux reprirent après une brève interruption et atteignirent cette fois la Porta della Carta, qui fut achevée en 1438. En 1419 avait été inaugurée la salle du Grand Conseil et on se mit alors à la décorer de peintures qui furent détruites à leur tour par un autre incendie. Vers la fin du XVème siècle, Antonio Rizzo finissait les travaux de l'Arc Foscari et en 1488, l'Escalier des Géants. Puis on procéda à la construction de l'aile du palais qui donne vers le canal du même nom, de la cour des Sénateurs et, au XVIIème siècle, de la façade de l'Horloge, située sur le côté nord de la cour, réalisée par Bartolomeo Monopola.

Vue aérienne de la Basilique et du Palais.

Palais des Doges.
Façade donnant sur la Piazzetta et la Porta della Carta, vues de la Loggetta. Au premier plan, le portail de la Loggetta de Antonio Gai.

LE PALAIS DES DOGES

FAÇADES ET ARCADES

Sculpture de l'angle vers le Pont de la Paille représentant l'ivresse de Noé.

Détail du chapiteau du portique, représentant un sage (XIVème siècle).

Salle du Grand Conseil .Tableau d'un auteur inconnu, représentant l'incendie du Palais des Doges.

Sculpture d'angle entre le Quai et la Piazzetta, représentant Adam et Eve.

Sculpture d'angle près de la Porta della Carta, représentant le Jugement de Salomon.

Les façades du palais, de style gothique, représentent un genre d'architecture originale. Les arcades et la loggia qui lui est superposée s'étendent sur toute la longueur des façades, l'une donnant sur la Riva degli Schiavoni et l'autre sur la Piazzetta, en une succession de vides et de pleins dominée très nettement par les premiers sur les seconds. Les superficies des murs du haut, percés de grandes fenêtres, sont recouvertes de marbres blancs et roses, disposés en forme de losanges.

Elle s'achèvent sur un couronnement de frêles colonnes et de pinacles qui laissent l'air et la lumière circuler librement. L'effet final est celui d'une légèreté arabisante. Les 38 colonnes des arcades sont surmontées de chapiteaux dont les originaux sont à l'intérieur du palais, au rez-de-chaussée, côté ouest. Ces chapiteaux, qui ont été sculptés par des maîtres lapicides locaux, florentins et lombards, représentent des animaux, des oiseaux, des femmes, des

sages, des empereurs, les vices et les vertus, les métiers, les âges de l'homme et les mois, et ils revêtent une signification soit simplement iconographique, soit symbolique. Les trois groupes de statues disposées aux angles sont porteurs d'un symbolisme plus fort. Au Pont de la Paglia - côté sud-est - se trouve le groupe de *Raphael et Tobias*, symbole du commerce et, dessous, *Noé ivre avec ses fils qui couvrent sa nudité*, symbole de tolérance (réalisation de Matteo Raverti, XIVème siècle). Les groupes à l'angle sud-ouest représentent *Michel, l'Archange de la guerre*, et *Adam et Eve avec le serpent*, symbole de la faiblesse humaine (fin du XIVème siècle). Dans l'angle correspondant à la Porta della Carta, les sculptures représentent *Gabriel* (B. Bon, XIVème siècle), symbole de paix et le *Jugement de Salomon* (atelier des Lamberti ou Nanni di Bartolo dit "Le Roux"; XVème siècle), symbole du sage gouvernement.

Basilique de Saint-Marc, façade sud. Le groupe des Tétrarques.

Porta della Carta. Tête de la Justice.

Porta della Carta. Entrée d'honneur du Palais des Doges.

PORTA DELLA CARTA

L'ESCALIER DES GEANTS

La Porta della Carta est célèbre pour ses sculptures, ses statues et ses bustes, et pour la variété de ses marbres de couleurs; à l'époque de la République, elle était dorée. Ses statues symbolisent les Vertus; sur l'architrave, on peut remarquer le buste du doge Francesco Foscari (copie), agenouillé devant le Lion ailé; plus haut, dans une corniche ronde, se trouve le buste de saint Marc et au sommet, la statue de la Justice. La Porta de la Carta est l'œuvre de Bartolomeo Bon et de ses disciples et elle est considérée comme un chef-d'œuvre du gothique flamboyant. Les arcades situées au niveau de la Porta della Carta s'appuient sur un mur de la Basilique et s'achèvent, sur la façade, par l'Arc Foscari (A. Bregno, A. Rizzo). Autrefois se trouvaient dans les niches, disposées sur l'Arc, les statues en marbre d'Adam et Eve, réalisées par Antonio Rizzo; elles se trouvent actuellement à l'intérieur du Palais. En face de la façade, ornée des arcades Foscari, se déploie l'Escalier des Géants dont le nom dérive des statues gigantesques de Neptune et de Mars, symboles de la mer et de la guerre (J.Sansovino, XVIème siècle), posées au sommet. Cet escalier est très célèbre pour l'équilibre atteint entre l'architecture et la sculpture. Sont également très célèbres les marqueteries de bronze ornant les marches, les parapets ajourés et les bas-reliefs à l'extérieur de ces parapets. Le doge nouvellement élu était couronné sur le perron, sous l'emblème de saint Marc.

LA COUR
FAÇADE RENAISSANCE

L'Escalier des Géants, tel qu'il apparaît sur le fond du portique Foscari.

La façade de la cour de style Renaissance.

La vaste cour, dont le pavement est divisé par des plaques de marbre qui indiquaient aux différentes magistratures la place qu'elles devaient occuper pendant les cérémonies officielles auxquelles elles prenaient part de plein droit, est ornée de deux margelles de puits en bronze, réalisées par Alfonso Alberghetti et Nicolò dei Conti (XVIème siècle).

Le parcours: entrée principale, Porta della Carta, arcades et Escalier des Géants, se poursuit par la Scala d'Oro (ou Escalier d'Or) qui mène, au premier étage à droite, à l'appartement privé du doge et aux salles de réunion. C'était l'escalier utilisé pour les cérémonies et comme il faisait fonction d'escalier d'honneur, il fut enrichi de fresques et de stucs. L'Escalier d'Or fut conçu par Sansovino tandis que les décorations ont été réalisées par Alessandro Vittoria et G.B. Franco, en 1566.

Les salles de l'appartement du doge portent les noms suivants: salle des Scarlatti, de la couleur écarlate des vêtements des magistrats qui attendaient à cet endroit pour former le cortège qui accompagnait le doge; et salon du Bouclier, nom dérivant du bouclier du doge en charge qui était suspendu au mur. (Actuellement, c'est le bouclier du dernier doge qui se trouve à cet endroit); puis la Salle Grimani, la Salle Erizzo, la Salle des Stucs ou Priuli et enfin la vaste Salle des Philosophes, dont le nom provient des Philosophes du Tintoret, exposés aujourd'hui dans la Bibliothèque Sansovinienne. L'escalier qui mène de la Salle des Philosophes au troisième étage est orné d'une célèbre fresque de Titien, San Cristoforo, que le peintre réalisa sur le mur au-dessus de la porte. Le saint, représenté dans des dimensions gigantesques, est peint tandis qu'il traverse la lagune avec l'Enfant sur les épaules. Cette œuvre veut exprimer la force et la puissance de Venise. La porte située en face de celle qui mène dans le vestibule donne accès à

l'appartement du doge proprement dit, qui fait aujourd'hui fonction de pinacothèque. Parmi les tableaux exposés figurent les toiles de Jérôme Bosch, de Vittore Carpaccio et de Bassano, et la Salle des Scudieri (ou écuyers) présente une œuvre de G.B. Tiepolo: Venise et Neptune. On monte ensuite au troisième étage que l'on appelle aussi second étage noble. On pénètre alors dans des salles célèbres pour leurs œuvres d'art, le luxe de leur décoration et de leur mobilier: tout est encore placé à l'endroit prévu dans le projet. C'est dans ces salles que se réunissaient les plus hautes magistratures de la République et les personnes qui y étaient admises devaient se soumettre à un cérémonial rigoureux. Les membres de ces conseils avaient une attitude si digne et réservée qu'ils inspiraient le respect et la crainte. Un sage du conseil rapporta que lorsqu'il dut parler devant cette assemblée, Pétrarque lui-même fut saisi d'une certaine émotion: *"Il a la voix qui tremble un peu"* (en vénitien dans le texte).

ESCALIER D'OR

APPARTEMENT DU DOGE

Palais des Doges, salle des Quatre Portes. Titien: Le doge Antonio Grimani agenouillé devant la Foi et saint Marc en gloire.

Palais des Doges. L'Escalier d'Or.

Palais des Doges. L'Escalier d'Or (détail).

SALLE DU COLLEGE

LE PLAFOND

SALLE DU CONSEIL DES DIX

Paolo Veronese, Junon donne à Venise la corne du doge.

SALLE DES QUATRE PORTES

L'atrium carré mène au second étage noble. Au milieu du plafond est visible une œuvre de Jacopo Tintoretto et disciples, *Le doge Girolamo Priuli reçoit de la Justice la balance et l'épée*. La porte à gauche donne accès aux passages secrets vers la salle de la Torture et vers les Plombs. C'est dans cette pièce que Casanova passa sa dernière nuit avant de s'enfuir. La salle des Quatre Portes était le lieu d'attente et de prépara-

Salle des Quatre Portes.
L'arrivée à Venise du roi de France Henri III.
Andrea Vicentino (1593).

tion pour les autorités qui allaient être reçues par les hauts conseils qui formaient le Collège, le Sénat et le Conseil des Dix. La fonction de la salle est également indiquée par l'importance de l'espace qu'elle occupe, puisqu'elle investit l'aile entière du Palais, qui va du mur donnant sur la cour au mur donnant sur le canal, et par sa position orthogonale. Les tableaux d'intérêt historique et artistique sont *Le Doge Grimani adorant la Foi et saint Marc en gloire de Titien* (mur de droite). *Jupiter conduit Venise vers l'Adriatique en signe de domination sur cette mer*, de Jacopo Tintoretto (fresque au milieu du plafond: *Henri III, roi de France, reçu à Venise en 1584, de Andrea Vicentino*) (mur de gauche). Les salles de

turale et la décoration de la salle de l'Anticollège remontent à 1575 et elle furent conçues par Andrea Palladio et Antonio Rusconi, alors que les stucs furent réalisés par Marco del Moro. En plus du plafond à voûte et de la cheminée, cette salle est embellie par certains chefs-d'œuvre de Jacopo Tintoretto (1577-78): *Mercure et les Grâces, La forge de Vulcain, Pallas éloigne Mars et Ariane retrouvée.* Véronèse réalisa entre 1576 et

l'Anticollège et du Collège sont structurées comme un temple grec - pronaos et naos - et donc conformément à la fonction de chacune d'elles: la première comme antichambre et la seconde comme siège du Collège, le Conseil le plus exclusif de la République. La disposition architec-

1580 l'*Enlèvement d'Europe* et au milieu du plafond, en 1578, se trouve la fresque de *Venise distribuant les honneurs.*

SALLES DE L'ANTICOLLEGE
ET DU COLLEGE

De par ses dimensions, les sculptures dorées du plafond, les re-vêtements des murs, le trône et ses chefs-d'œuvre de peinture, la salle du Collège donne, plus que tout autre, une grande impression de faste. C'est dans cette salle que se réunissaient les dignitaires du Conseil Mineur ou des Sages: le Doge avec ses Conseillers, les Sages, le Chef du Conseil des Dix et le Grand Chancelier. C'est ici qu'étaient reçus les princes et les ambassadeurs, les procurateurs de retour de missions et les représentants des villes assujetties. Dans cette salle étaient également débattues, dans le plus grand secret, les questions de très haute importance, qui allaient été présentées, et d'une manière bien précise, aux Conseils, autorisés à prendre les décisions finales. Le plafond sculpté est le résultat de la collaboration entre Francesco Bello et Andrea Faentin (1576). Le cycle des toiles du plafond fut réalisé par Paolo Veronese. Les tableaux de la bande centrale ont comme sujet *Neptune et Mars, La Foi, Venise trônant avec la Paix et la Justice*. Dans les bandes sur les côtés, dans les compartiments mineurs, sont représentées quelques Vertus. Au-dessus du trône est exposé un autre chef-d'œuvre de Paolo Veronese, *La bataille de Lépante*.

Salle du Collège Mercure et les Grâces de J.Tintoretto
Allégorie de la bataille de Lépante de Paolo Veronese

La forge de Vulcain de J. Tintoretto.

Pallas éloigne Mars de J .Tintoretto.

Ariane retrouvée de J. Tintoretto.

Le doge Nicolò Da Ponte invoque la protection de la Vierge de J. Tintoretto.

SALLE DEI PREGADI OU SÉNAT. Les sculptures dorées décorant le plafond remontent à 1582 (Cristoforo Sorte). La plupart des toiles furent peintes entre 1581 et 1595 par Palme le Jeune et certaines par Jacopo Tintoretto, dont on citera une œuvre intéressante: *Le Doge Pietro Loredan adorant la Vierge*. La situation particulière de la salle du Conseil des Dix lui attribue une place dans cet ensemble architectural qui remontait aux origines du Palais. L'architecture était ici fondée sur la verticalité, détachée des autres et le rez-de-chaussée et le plafond était reliés par un escalier. C'était le siège du Tribunal Suprême de la République, le Conseil des Dix. Au même étage se trouvaient la Salle de la Boussole, la salle des Chefs du Conseil des Dix, la salle des Inquisiteurs d'Etat, la salle des Tortures, ainsi que les Prisons. Paolo Veronese a peint deux des toiles du plafond: *Junon, reine des dieux, donne à Venise la corne de l'abondance* et *Les états anciens et nouveaux*, symbolisés par un vieil homme et par une jeune femme. Dans la salle de la Boussole, on peut s'arrêter sur un élément anecdotique: la Gueule du Lion. C'est ainsi qu'on appelait la sculpture enchâssée dans le mur, à travers laquelle on glissait les lettres d'accusation, rédigées au nom de la sécurité d'Etat. Au milieu du plafond de la salle des Chefs du Conseil des Dix se trouve un tableau de Paolo Veronese intitulé *La punition du faussaire*. La salle des Inquisiteurs d'Etat est une salle aux dimensions modestes, dont les murs sont tapissés d'étagères. Le plafond est orné d'une série de tableaux de Jacopo Tintoretto, ayant pour thème les vertus et, au milieu, du tableau intitulé *Le retour du fils prodigue*.

SALLE D'ARMES. Les armes étaient conservées dans certaines pièces de la prison appelée La Torresella où on peut lire les inscriptions de certains prisonniers, ainsi que dans la salle d'armes du Conseil des Dix. C'est au XVIème siècle que le Conseil des Dix, après avoir tiré la leçon des différentes révoltes qui avaient éclaté au sein même du Palais, prit la décision d'avoir toujours à sa disposition une quantité d'armes consistante. La salle d'armes a été réaménagée récemment. Le dépôt d'armes du départ a été enrichi au fil du temps par celles qui étaient léguées par les familles patriciennes, par des armes précieuses offertes à l'état par des princes et des ambassadeurs en visite ou par des collections entières offertes par des hommes d'armes. Parmi les pièces les plus intéressantes de par leur facture figurent l'armure de Erasmo da Narni, dit le Gattamelata, l'armure d'un sénateur et celle de Henri IV, roi de France. La collection recèle des éléments de factures différentes: une hampe de bateau turc, qui provient de la bataille de Lépante, une couleuvrine en bronze d'Alfonso Alberghetti, une arquebuse à mitraillette du XVIIème siècle et, en outre, des épées, des espadons, des piques, d'autres arquebuses encore et des mousquetons. On y a même conservé une ceinture de chasteté en fer, sans doute comme rappel des très anciennes coutumes. L'escalier des Censeurs mène au deuxième étage. Le long du couloir s'ouvrent la salle de la Quarantia Civil Vecchia et la Vieille Salle d'armes.

Dans la salle de la Quarantia Civil Vecchia se réunissaient les membres de la magistrature qui plaidaient les causes civiles et pénales et qui correspondrait à notre Tribunal d'Appel. Les murs de la vieille salle d'armes présentent les restes légèrement brûlés et noircis de la fresque du peintre padouan Il Guariento, intitulée *Le couronnement de la Vierge*. Cette fresque, terminée entre 1365 et 1367, couvrait le mur au-dessus du trône de la salle du Grand Conseil, où se trouve aussi actuellement la grande toile de Jacopo Tintoretto.

LA SALLE
DU GRAND CONSEIL

La salle du Grand Conseil présente les dimensions suivantes: 54m x 25m x 15,40 m. Elle se distingue par la lumière qui pénètre par les grandes fenêtres qui percent le mur exposé au sud et qui sont très hautes par rapport à l'étage. Le Grand Conseil détenait le pouvoir législatif et à la fin de la République, il se composait de 1600 membres qui se plaçaient sur des sièges de bois, sur deux rangées, et qui occupaient ainsi presque tout l'espace de la salle. Lors de la visite de princes ou d'occasions spéciales, on déplaçait les sièges et la salle était alors transformée en un splendide salon. La décoration, pour ce qui est des encadrements et des corniches dorées, fut conçue et effectuée en 1582 par Cristoforo Sorte. La réalisation des tableaux du plafond fut confiée au Tintoret, à Véronèse, à Palme le Jeune et Francesco Bassano qui les achevèrent en 1584, tandis que les cycles de peinture sur les murs furent exécutés entre 1590 et 1600, par d'autres peintres. Le Paradis du Tintoret fut exposé en 1594 à l'endroit qu'il occupe encore aujourd'hui. Une grande partie du plafond est consacrée à la glorification de Venise. (Premier tableau) de Paolo Veronese: L'Apothéose de Venise; (au milieu) de Jacopo Tintoretto: Venise, la Reine; (troisième toile) de Palme le Jeune: Venise couronnée par la victoire. Le long des bandes latérales sont célébrés les événements importants de l'histoire de Venise et les thèmes traités sont au nombre de trois. Sur le mur droit: la lutte entre Frédéric Barberousse et le pape Alexandre III et la paix obtenue grâce à la médiation du doge Sebastiano Ziani (1172-78). Entre les fenêtres du mur gauche: la IVème Croisade et la Conquête de Constantinople (1202-04). Sur le mur en face du trône, la guerre de Chioggia représentée par une toile de Paolo Veronese: Le retour glorieux du doge Andrea Contarini et la victoire des Vénitiens sur les Génois à Chioggia. En haut, sous le plafond, ont été installés les Portraits, imaginaires pour la plupart, des 78 premiers doges.

(P.90-91) Salle du Sénat. Détail de la partie centrale du plafond.

(P.92) Salle du Conseil des Dix. Paolo Veronese: Vieil Oriental au turban avec une jeune femme

(P. 93) Heaume à la vénitienne recouvert de velours avec éléments décoratifs en cuivre doré et bronze (seconde moitié du XVème siècle)

(P 93). Epée d'estocade de la fin du XVème siècle

(P. 94-95) Salle du Grand Conseil. Le Paradis de Jacopo Tintoretto.

(P.96) Salle du Grand Conseil. L'Apothéose de Venise -détail -de Paolo Veronese.

(P.97) Salle du Grand Conseil. L'Apothéose de Venise de Paolo Veronese.

JACOPO TINTORETTO, Le Paradis. Cette toile mesure 7 mètres de haut sur 22 mètres de large. Ces dimensions étaient nécessaires pour pouvoir recouvrir tout le mur situé au-dessus du trône de la salle du Grand Conseil. Le Sénat avait chargé Paolo Veronese et Francesco da Ponte il Bassano de préparer les esquisses, mais à la mort de Véronèse, en 1588, on fit appel à Jacopo Tintoretto. Il avait déjà soixante ans mais il se mit au travail, avec son enthousiasme habituel, dans le grand salon de la Scuola della Misericordia. Pendant ses deux années d'activité, il fut beaucoup aidé par son fils, Domenico, par Palme le Jeune et d'autres encore. Une fois terminées, les différentes parties de la toile furent transportées et exposées au Palais des Doges. Le tableau suscita aussitôt la plus grande admiration. La composition est centrée sur le Christ et la Vierge, entourés des anges, des saints et des béats. L'élément coordinateur est la lumière qui crée un effet de mouvement et rend ainsi vivante la scène de ce Paradis.

A l'extrémité ouest de la salle du Grand Conseil se trouve l'accès à la salle des Quarantia Civil Nuova, siège de la justice où l'on plaidait les causes civiles des habitants de terre ferme. Le mur du fond présente un grand cuir doré, un des rares exemplaires des célèbres *Cuoridoro* à avoir échappé au pillage. C'est dans la salle attenante du Scrutin que se déroulait la dernière partie des opérations si complexes de l'élection du doge et que se tenaient aussi les élections d'autres charges de l'état. En haut, sous le plafond, le long des murs de la salle sont exposés les portraits des derniers 43 doges. La décoration picturale se poursuit sur le thème de la glorification de Venise. Jacopo Palma il Giovane a peint le *Jugement Universel* (sur le mur d'entrée), Jacopo Tintoretto la *Bataille de Zara* (sur le mur de droite), Andrea Vicentino *la Bataille de Lépante* (au milieu du mur de droite) et Pietro Liberi la *Bataille des Dardanelles* (au fond, sur le mur de droite). Sur le mur d'entrée, l'Arc de Triomphe qui encadre la porte glorifie les entreprises de Francesco Morosini, le dernier commandant héroïque de la République qui reconquit la Morée et d'autres territoires encore en se battant contre les Turcs. Si nous revenons sur nos pas, nous arrivons au trône de la salle du Grand Conseil et, un peu plus loin, nous gagnons la salle de la Quarantia Criminale ainsi que la salle du Magistrat aux Lois. C'est dans cette salle que sont exposés les originaux des statues de Adam et Eve de Antonio Rizzo. La visite du palais s'achève ici. Rendons-nous à présent au Pont des Soupirs et traversons les Prisons. La visite du Pont des Soupirs peut être décevante car il ne s'agit que d'un passage surélevé, qui relie le Palais des Doges aux Prisons. Les prisons sont constituées de murs épais, en pierre vive, percés de fenêtres étroites munies de barreaux et les portes y sont pourvues de gros verrous. Des souvenirs d'histoire ou des anecdotes piquantes peuvent agrémenter cette visite austère, comme par exemple le nom de Casanova, qui s'enfuit des Plombs, ou le nom d'écrivains romantiques du XIXème siècle. On a une meilleure vue du Pont des Soupirs de l'extérieur, depuis le Pont de la Paille ou bien, si l'on passe en gondole, depuis le canal qui coule en-dessous. C'est ainsi que l'on peut mieux savourer l'idée romantique que l'on se fait habituellement du Pont des Soupirs, en occultant la dimension tragique de ce pont qui, en réalité, est plus fidèle à la fonction qu'il revêtait autrefois.

LES PRISONS

ET LE PONT DES SOUPIRS

La Salle des tortures.

Le Pont des Soupirs.

Le Palais des Prisons de l'autre côté du canal vers le Bassin de Saint-Marc.

L'ÎLE DE SAINT-GEORGES

UN VÉRITABLE PETIT BIJOU

*"La bande de mer qui s'étend devant
la Place Saint-Marc n'a d'égale
que ce grand miroir liquide, en forme
de demi-lune, situé
en-deçà de la véritable Venise"
J. W. Goethe, Voyage en Italie*

L'île de Saint-Georges constitue la toile de fond naturelle du centre de Venise et c'est cette idée qui guida les gouvernants lorsqu'ils en définirent la structure architecturale et qu'ils conçurent l'aménagement de cet espace. Depuis lors, (Xème-XIème siècle), le gouvernement contrôla les institutions qui s'y établissaient en évaluant leur pouvoir financier, afin qu'ils pussent doter cette île d'édifices dignes de la fonction dont ils l'avaient revêtue. En 982, l'île fut cédée à Giovanni Morosini qui y fonda un monastère bénédictin, qui s'enrichit très vite par les privilèges et les donations concédées par les empereurs, les papes et les doges. En 1178, à la mort du doge Sebastiano Ziani, l'île était un centre religieux d'intérêt européen. En 1223, un tremblement de terre fit s'écrouler une grande partie des bâtiments qui furent reconstruits sous Pietro Ziani, qui y mourut en 1229. On commença à transformer les constructions de l'île dans la première moitié du XVème siècle et les travaux se poursuivirent, à l'exception de quelques brèves interruptions, jusqu'au début du XVIIème siècle. Côme de Medicis, seigneur de Florence, arriva à Venise en 1433, accompagné de Michelozzo Michelozzi, qui conçut la Bibliothèque dans le style Renaissance. L'architecte Giovanni di Antonio Buora conçut et réalisa en 1480 une aile tout entière, la Manica Lunga (ou Manche Longue) qui faisait office de dortoir pour les moines. C'est un couloir de 128 mètres de long, flanqué de cellules de chaque côté. On construisit ensuite le cloître des Lauriers (1516-40), la chambre de l'abbé, la salle capitulaire (1553) et la bibliothèque de Longhena, à la place de celle de Michelozzo détruite entre temps. Palladio réalisa, entre 1559 et 1580, le Réfectoire (1559-63), l'église (1566-1610) et le cloître des cyprès (1579-1614). L'île de Saint-Georges abrite aujourd'hui la Fondazione Cini.

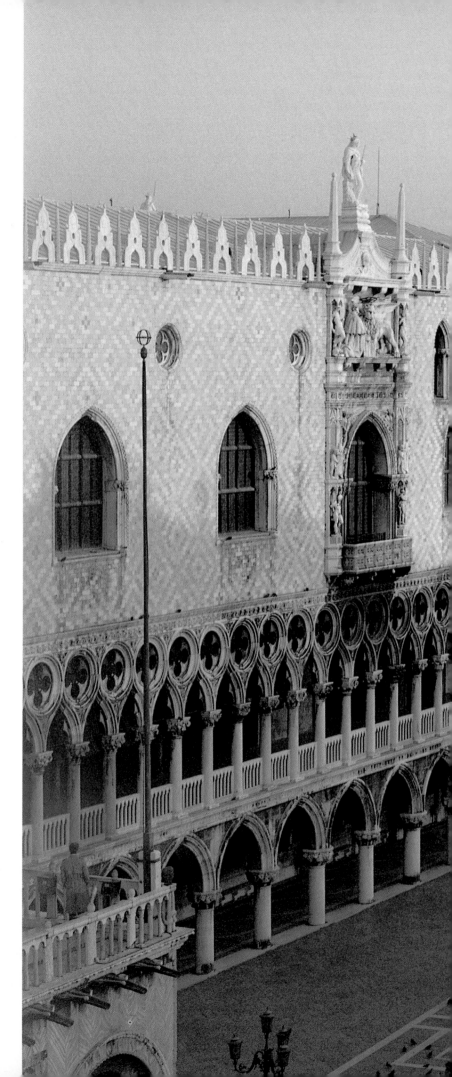

LE GRAND CANAL

LE "BOULEVARD"

DES ARISTOCRATES

LES PALAIS

- ☐ G. Gauche
- ■ D. Droite
- 1 G. Douane de la Mer.
- ■1 D. P. Contarini-Fasan.
- 2 G. Bas. S. Maria della Salute.
- 3 G. P. Dario.
- 4 G. P. Venier dei Leoni.
- ■2 D. P. Corner della Ca' Grande
- 5 G. P. Contarini dal Zaffo.
- ■3 D. P. Barbaro.
- 6 G. P. Loredan dell'Ambasciatore.
- ■4 D. P. Grassi.
- 7 G. P. Rezzonico.
- 8 G. P. Foscari.
- ■5 D. P. Contarini dalle Figure.
- 9 G. P. Balbi.
- ■6 D. P. Mocenigo.
- ■7 D. P. Corner-Spinelli.
- 10 G. P. Bernardo.
- 11 G. P. Tiepolo.
- ■8 D. P. Grimani.
- ■9 D. P. Loredan.
- ■10 D. P. Farsetti.
- ■11 D. P. Manin.
- ■12 D. Fondaco dei Tedeschi.
- 12 G. P. Camerlenghi.
- ■13 D. Ca' da Mosto.
- ■14 D. Ca' d'Oro.
- 13 G. P. Corner della Regina.
- 14 G. P. Pesaro.
- 15 G. Fondaco del Megio
- ■15 D. P. Vendramin-Calergi.
- ■16 D. Eglise des Déchaussés (Scalzi).
- 16 G. Eglise de S. Simeon Piccolo.

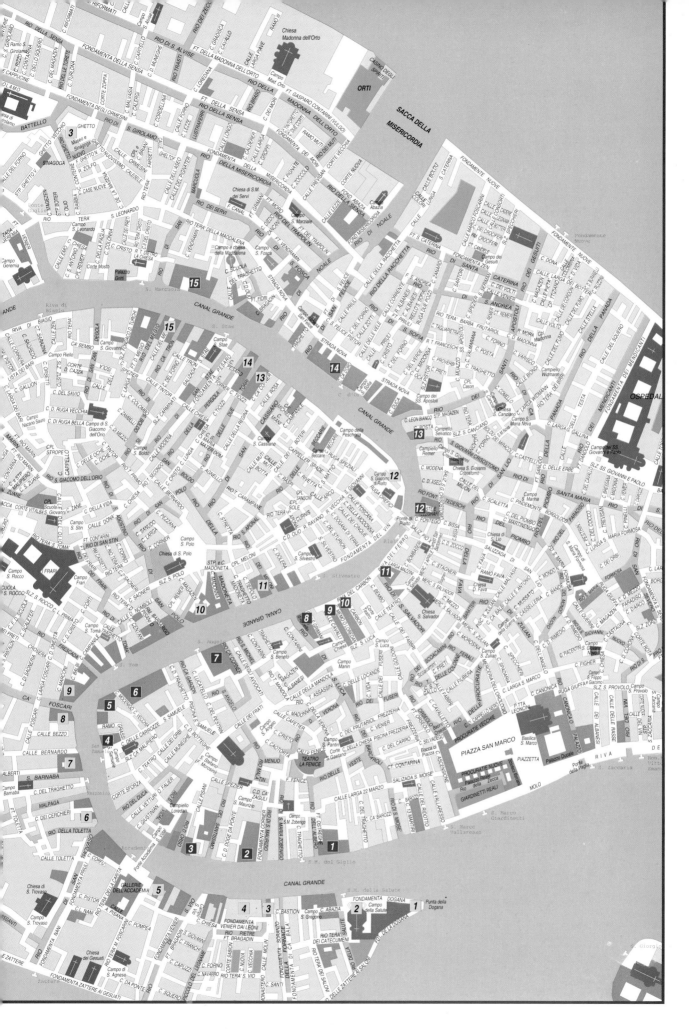

LES PALAIS LE LONG DU GRAND CANAL

RIVE GAUCHE

DOUANE DE MER

La Dogana da Mar ou Douane de Mer fut construite autour de l'an 1677 par l'architecte Giuseppe Benoni. La partie face à la pointe, en forme de tour, est surmontée d'une sphère dorée, ornée de la statue de la Fortune. Jusqu'au XIVème siècle, c'est ici que l'on déchargeait et dédouanait les marchandises qui arrivaient par voie de mer.

BASILIQUE SANTA MARIA DELLA SALUTE

La Basilique de la Salute fut construite par Baldassare Longhena entre 1631 et 1681. C'est une construction à plan octogonal; elle se dresse sur une plate-forme en escalier qui descend jusqu'au niveau du Grand Canal. Les façades sont décorées de pilastres et de tympans. L'ensemble est dominé par une grande coupole.

RIVE DROITE

PALAIS CONTARINI -FASAN

Le Palais Contarini-Fasan est une construction de style gothique flamboyant, réalisée vers 1475; elle est ornée de riches chapiteaux et de balcons. Certains éléments dans son architecture, comme dans la décoration, dénotent déjà le goût de la Renaissance. La tradition le désigne comme la "Maison de Desdémone".

PALAIS CORNER DELLA CA' GRANDE

Le Palais Corner della Ca' Grande fut conçu et construit par Jacopo Sansovino entre 1532 et 1565. La façade, de forme carrée, se subdivise en trois bandes horizontales soulignées par un bossage au rez-de-chaussée sur lequel s'ouvrent les trois portails de l'atrium, ainsi que par de nettes lignes de démarcation entre les étages et des balcons en encorbellement.

PALAIS TIEPOLO

Ce palais fut construit par l'architecte Gian Giacomo dei Grigi autour de 1560 pour les Coccina. Il passa ensuite aux mains des Tiepolo puis des Papadopoli. Il subit différentes restaurations et ajouts comme le jardin et l'aile. Il était connu pour ses collections de tableaux de Paolo Veronese, de verres de Murano et de numismatique, dispersées aujourd'hui dans différents musées.

PALAIS CAMERLENGHI

C'est une construction typiquement lombarde du XVIème siècle, dont l'architecte fut Gugliemo dei Grigi. C'était le siège des magistrats préposés aux finances de l'état, qui avaient fait décorer l'intérieur de représentations allégoriques, œuvres de l'atelier de Bonifacio Pitati.

PALAIS MANIN

C'est actuellement le siège de la Banca d'Italia. La façade de ce palais, Dolfin-Manin, est de style classique; elle a été réalisée par Jacopo Sansovino au XVIème siècle. Ce fut la demeure du dernier doge, Lodovico Manin.

FONDACO DEI TEDESCHI

ou Entrepôt des Allemands. Construit au début du XVIème siècle, il a été réalisé par les architectes Giorgio Spavento et Antonio Abbondi, dit Le Scarpagnino. La façade fut décorée de fresques, rongées par le temps, représentant en général des nus et réalisées par Giorgione di Castelfranco.

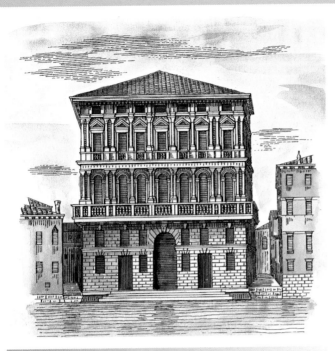

PALAIS CORNER DELLA REGINA

Construction de style néo-classique (arch.: Domenico Rossi) datant de 1724 et se trouvant sur l'emplacement de l'ancien palais de la reine Caterina Cornaro, reine de Chypre.

PALAIS PESARO

Ce gigantesque palais est une œuvre célèbre de l'architecte Baldassare Longhena, qui assura le suivi de la construction jusqu'au premier étage. Elle fut ensuite continuée par l'architecte Antonio Gaspari. C'est aujourd'hui le siège de la Galerie d'Art Moderne.

CA' DA MOSTO

C'est un exemple typique de bâtiment vénéto-byzantin du XIIIème siècle, qui se distingue fortement par son fenêtrage à l'étage. Ce fut l'un des hôtels les plus célèbres de la ville, appelé "Le Lion Blanc", où séjournèrent des personnages célèbres, dont les comtes du Nord en 1782.

CA' D'ORO

Elle fut construite entre 1421 et 1440 pour Marin Contarini par Matteo Raverti et par les Bon, dans le style gothique; la façade est entièrement décorée. Elle abrite aujourd'hui la Galerie Franchetti.

FONDACO DEL MEGIO

(ou Entrepôt du Millet). C'est une construction du XVème siècle qui servait à entreposer le millet (megio en vénitien). Ses murs sont en brique, dotés de crénelures et de meurtières.

EGLISE DE SAN SIMEON PICCOLO

Construite au XVIIIème siècle par G. Scalfurotto dans le style néo-classique, elle se dresse sur un haut stylobate et sa coupole verte est un véritable point de référence dans le quartier de la gare de chemin de fer.

PALAIS VENDRAMIN-CALERGI

C'est une des plus nobles architectures donnant sur le Grand Canal pour l'équilibre de sa façade, pour ses décorations et ses fenêtres géminées séparées par des colonnes. C'est une œuvre de Mauro Coducci (1504), achevée par l'atelier des Lombardo en 1509.

EGLISE DES DECHAUSSES (SCALZI)

Conçue par Baldassare Longhena au XVIIème siècle, elle fut achevée au siècle suivant. La façade de style baroque fut dessinée par Giuseppe Sardi. L'intérieur est riche en œuvres d'art, comme les fresques de G.B. Tiepolo et les sculptures de Giovanni Marchiori.

LE PONT
DE RIALTO

Le Pont de Rialto est un symbole pour Venise. Les boutiques qui le longent sont situées sur la partie postérieure du pont, tandis que les vitrines donnent sur le passage central. A droite, on peut voir le palais Dolfin-Manin, et au-delà du pont, toujours sur la droite, la partie supérieure du Fondaco dei Tedeschi (ou Entrepôt des Allemands). A gauche, et en face de ces bâtiments, on peut apercevoir le palais des Camerlenghi.

VENISE CULTURE ET TRADITION

Libreria Marciana, Breviaire Grimani, le mois de Janvier.

Il est difficile d'évaluer le véritable patrimoine culturel de Venise, qui était autrefois aussi bien aux mains du patriciat et de la bourgeoisie que des organismes religieux et publics, car les bouleversements politiques et les guerres facilitèrent la vente d'un grand nombre de trésors artistiques à l'étranger. Mais il reste une quantité considérable d'œuvres, d'objets de décoration et de culte qui ne peut manquer d'émerveiller, surtout si l'on tente d'imaginer la valeur de tout ce qui s'est perdu. Les édifices religieux se divisaient de la manière suivante: 5 abbayes, 213 églises, 31 cloîtres, 70 couvents, 64 "scuole" (lieux de charité et de bienfaisance), qui recevaient tous des dons de la population sous forme de présents et d'ex-voto. Les palais et les demeures de la riche bourgeoisie recelaient tout autant d'œuvres d'art qui constituaient la tradition culturelle de Venise. Même s'il est impossible de repertorier tout ce qui reste encore en ville, dans les maisons et les palais, on peut tout de même établir la liste des collections d'art et d'histoire: la Libreria Sansoviniana (Bibliothèque de Sansovino), les Galeries de l'Académie, la Galerie Franchetti à la Ca' d'Oro, la Pinacothèque de la Fondation Querini Stampalia, le Museo Marciano (Musée de Saint-Marc), la Pinacoteca Manfrediniana du Séminaire de Venise, le Musée historico-naval de l'Arsenal, le Musée Correr, le Musée du Risorgimento, le Musée du XVIIIème Siècle vénitien à Ca' Rezzonico, le Musée d'Art Moderne à Ca' Pesaro, le Musée du Verre à Murano, le Musée Hébraïque au Ghetto, de même que la Collection d'art contemporain Peggy Guggenheim au Palais Venier dei Leoni. La Libreria Sansoviniana est célèbre pour ses reliures de livres anciens qui vont du Xème siècle au XVIIIème siècle. Les Galeries de l'Académie recèlent les collections léguées par Ascanio Molin (1815), Felicia Renier (1850), Gerolamo Contarini (1858), en plus des acquisitions effectuées plus tard, et le tout constitue la collection la plus prestigieuse de la peinture vénitienne, qui va des peintres primitifs des XIIIème-XIVème siècles à ceux du XVIIIème siècle. Dans la Galerie Franchetti de la Ca' d'Oro se trouvent les tableaux des écoles italiennes les plus importantes, ainsi que de nombreuses sculptures, bronzes, médailles, meubles et tapisseries. Dans les salles de l'ancien palais de la famille Querini-Stampalia, à Santa Maria Formosa, on peut admirer les tableaux

Cà Rezzonico, Francesco Guardi, le Bassin de Saint-Marc vers la Salute.

de l'école de Venise et de la Vénétie qui couvre les XIVème, XVème, XVIème, XVIIème et XVIIIème siècles. La Pinacothèque contient en outre des meubles, des tapisseries, des porcelaines, des bronzes et des monnaies. Le Musée Marciano recèle, entre autres, le célèbre Quadrige, qui se trouvait autrefois sur la loggia de la basilique où il a été remplacé par des copies, ainsi que des vêtements sacrés et des vestiges de mosaïques anciennes. Le Musée Archéologique, qui commença par le legs du Card. Domenico Grimani en 1523, possède des copies romaines de statues grecques, des petites sculptures, des bustes, des antiquités égyptiennes, assyro-babyloniennes et une collection de numismatique. Les collections du Séminaire, qui comprennent la Pinacoteca Manfrediniana, présentent des fragments d'architecture, des pierres tombales, des épigraphes provenant d'églises et de monastères qui ont été démolis ainsi que des tableaux et des bustes. Le Musée historico-naval de l'Arsenal expose des maquettes de bateaux et des objets de très grande valeur allant de l'époque napoléonienne à aujourd'hui. Le Musée Correr, qui se trouve dans le Palais Royal à San Marco, recèle toute la mémoire de la vie publique de la Sérénissime République ainsi que des plans de Venise et de la lagune. Le Musée du Risorgimento contient des témoignages de la vie de Venise de la chute de la République à la Première Guerre mondiale. Le Musée du XVIIIème siècle vénitien, qu'abrite Ca' Rezzonico, offre à la vue de ses visiteurs des fresques, des tableaux, des objets précieux de cette période historique disposés dans des pièces datant de la même époque. Quant au Palazzo Pesaro, situé sur le Grand Canal, il est connu pour ses œuvres d'art, tableaux et bustes d'artistes modernes de l'école de Vénétie et des écoles italiennes et étrangères. Le Musée du Verre à Murano est installé dans le Palais Giustiniani; il consiste en une collection de verres qui va du XVème au XIXème siècle. Dans le Musée Hébraïque du Ghetto sont conservés des objets de culte, des parements, des souvenirs de la vie des juifs, en particulier ceux de Venise. La collection d'art contemporain, que Peggy Guggenheim (dont les cendres sont ensevelies dans le jardin du Palais Venier dei Leoni), a constituée précisément dans ce palais, se compose d'œuvres de peintres célèbres de l'époque actuelle.

Galeries de l'Academie. Vittore Carpacio.
Cycle de sainte Ursule (Détail).

Pinacothèque Querini-Stampalia, Pietro Longhi, Chasse au canard.

117

LES
GALERIES

DE
L'ACADÉMIE

Les salles des Galeries de l'Académie sont en restauration. Les tableaux peuvent donc changer de place; nous prions nos lecteurs de nous excuser pour ces éventuels changements.

L'église gothique et l'ancien monastère de Santa Maria della Carità, sur la cour duquel donne aujourd'hui encore la dernière aile restante du cloître que Palladio fit construire vers 1552, abritent actuellement l'école des beaux-arts. Juste à côté se dresse la Scuola della Carità, une des six Grandes "Ecoles" de Venise. C'est ici que se trouve l'entrée des Galeries de l'Académie, qui accueillent la plus prestigieuse pinacothèque de Venise. Si l'on monte l'escalier monumental du XVIIIème siècle, on accède à la Salle du Chapitre, au plafond doré et sculpté en 1484 par le Vicentin Marco Cozzi. On peut également y admirer des retables et des tableaux sur fond doré des maîtres vénitiens des XIVème et XVème siècles, de tradition byzantine et gothique. A remarquer tout particulièrement, de Paolo Veneziano: le Polyptyque avec saints et scènes de la *vie du Christ et de saint François*; et *la Madonne sur le trône avec l'Enfant* de Lorenzo Veneziano: le polyptyque de *l'Annonciation et des saints* (1357) et de Michele Giambono, du XVème siècle, *Saint Jacques le Majeur parmi les saints* et *Le couronnement de la Vierge*; de Antonio Vivarini: *le Mariage de sainte Monique* et la *Madonne avec Putto* du XVème siècle. Enfin, deux tableaux de Jacobello del Fiore: *Le couronnement de la Vierge et La Justice entre deux Archanges*, de 1421. Dans la salle II sont rassemblées certaines œuvres de Giovanni Bellini, comme *La sainte conversation, La lamentation du Christ, L'incrédulité de saint Thomas* et une *Madone à l'oranger* de Cima da Conegliano. Dans la salle III sont exposées les toiles de peintres de la fin des XVème-XVIème siècles, comme Sebastiano del Piombo et Bernardino Licinio. Salle IV: trois précieux tableaux du XVème italien: *Saint Georges* de Andrea Mantegna (1464), *Saint*

Jérôme de Piero della Francesca (milieu du XVème siècle) et la *Madone avec Putto* de Cos-
mè Tura. D'autres tableaux de Jacopo et Giovanni Bellini: salle V; des œuvres de Giovanni
Bellini, dont *la Madone aux arbrisseaux* de 1487 et *la Pietà*; de Giorgione: *La tempête* (1505-
1507). Ce tableau marque un moment important dans le processus d'innovation du goût et
de la composition de la peinture vénitienne. Salle VI: des œuvres de peintres du XVIème siècle, comme Bonifacio dei Pitati, Jacopo Tintoretto et Pâris Bordone. Salle VII: un portrait de
Lorenzo Lotto: *Gentilhomme dans son cabinet d'étude*. Salle X: des tableaux de Titien, du
Tintoret et de Véronèse. Les toiles du Tintoret appartiennent au cycle peint pour le salon de
la Scuola de Saint-Marc et elles racontent des scènes de la vie de l'Evangéliste dont *les Miracles de saint Marc* (1545-48). De Véronèse: *Le repas chez Levi* (1573). La scène racontée ici est
empreinte d'une plaisante grandeur et d'une sereine richesse, soulignée par des édifices ou-
verts et somptueux, par les costumes des personnages et le grand nombre des détails. Salle
XI: nombreuses toiles de Véronèse, dont *le Mariage de sainte Catherine, la Bataille de Lépante* et *l'Allégorie de Venise*. Salle XII ou des Paysagistes du XVIIIème siècle: Giuseppe Zais,
Marco Ricci et Francesco Zuccarelli. Salle XIII: des portraits du Tintoret et des œuvres de
Leandro et Jacopo Bassano. Salle XIV: des tableaux du XVIIème siècle de Domenico Fetti,
Jean Lyss et Bernardo Strozzi.

Salle XV: des toiles de Giambattista Tiepolo: *La Sainte Famille et Saint Gaétan*. Salle XVI: une
œuvre célèbre de G.B. Piazzetta datée de 1740: *La diseuse de bonne aventure*, jeune femme
spirituelle, au fin sourire. des Portraits de Pietro et Alessandro Longhi. La salle XVII est parta-
gée en trois sections. La première présente des tableaux de védutistes et de paysagistes, comme Canaletto, Francesco Guardi, Michele Marieschi et Antonio Diziani; la deuxième contient
des figuristes dont Sebastiano Ricci, G.B. Piazzetta, Jacopo Amigoni et G.B. Pittoni; la troisième recèle l'esquisse de Tiepolo pour la fresque de l'église des Scalzi et des tableaux de Pietro
Longhi, ainsi que des pastels de Rosalba Carriera. Salle XIX: œuvres des XV-XVIèmes siècles
de Antonello da Messina, Pietro da Saliba et Vincenzo Catena. Salle XX: grandes toiles provenant de la Scuola de S. Giovanni Evangelista, avec les Miracles de la Croix. Les scènes se
situent dans une Venise riche et suggestive. De Gentile Bellini: *Miracle de la relique tombée
dans le canal de San Lorenzo (1500)*, et *Procession de la croix sur la Place Saint-Marc* (1496);
de Vittore Carpaccio: *Guérison d'un possédé à Rialto*. Les autres tableaux sont de Giovanni
Mansueti: *Miracle à San Lio* et *la Miraculeuse guérison à San Polo*, où l'on voit l'intérieur d'u-
ne maison vénitienne de l'époque; de Lazzaro Bastiani: Don de la relique dans l'église de San
Giovanni Evangelista. Salle XXI: Vittore Carpaccio peint vers la fin du XVIème siècle les célèbres toiles pour la Scuola de sainte Ursule, fondée en 1306, près de l'église des S.S. Giovanni
e Paolo. Carpaccio se révèle un narrateur aimable et d'une riche imagination. Les scènes présentent des décors vénitiens, les cérémonies s'inspirent du protocole des ambassades vénitiennes, tandis que les personnages représentés sont les confrères de la Scuola di Sant'Orso-
la. Salle XXIII: tableaux de Bartolomeo Montagna, Giovanni et Gentile Bellini, Alvise Vivarini
et Cima da Conegliano. Salle XXIV, ou Hôtel de la Scuola, au plafond richement décoré, datant de 1496: *Présentation de la Vierge au Temple de Titien* (1538) et *Vierge avec Putto entre
les docteurs de l'Eglise* de Antonio Vivarini et Giovanni d'Alemagna.

(P.118-119) .Vittore Carpaccio. Cycle de sainte Ursule. Accueil des Ambassadeurs.

*Galeries de l'Académie salle XXI; cycle de sainte Ursule de Vittore Carpaccio.
Rencontre d'Ursule et d'Erée et départ des pèlerins.*

121

CA' REZZONICO

*Palais Rezzonico. Cet édifice
est l'une des œuvres les plus
significatives de
Baldassare Longhena.*

*Ca' Rezzonico, 3ème étage fenêtre
côté ouest. Vue sur le canal de
San Barnaba avec le clocher de
San Barnaba et au fond le
clocher des Carmes.*

Les travaux de construction de ce palais, commencés en 1667 par Baldassare
Longhena pour la famille Bon, en étaient seulement au premier étage lorsque
l'architecte mourut, en 1682. Ce sont les Rezzonico, les nouveaux propriétai-
res, qui firent reprendre les travaux en 1750, sous la direction de Giorgio Massari. Cet architecte mena à terme le second étage selon le projet de Longhena, mais il apporta des modifications pour ce qui est de la cour, de l'escalier
monumental et de la salle de bal. Cette dernière, de dimensions grandioses
(24m x 14 x 12), occupe en largeur tout l'espace de l'édifice.

CA' REZZONICO

MUSÉE DU XVIIIÈME VÉNITIEN

Le plafond de la salle de bal a été peint à fresque par G.B. Crosato autour de 1753; il représente une allégorie des quatre régions du monde. Le mobilier est une œuvre de Antonio Brustolon (1700-23). Le nom de la salle suivante, dite salle de l'Allégorie Nuptiale, dérive de la fresque peinte au plafond par G.B. Tiepolo. Dans la mezzanine séjourna le pape Clément XIII, de la famille Rezzonico, ainsi que le poète Robert Browning, qui y mourut en 1889. La salle des pastels doit son nom aux portraits au pastel de Rosalba Carriera. Dans la salle des Tapisseries, les murs sont recouverts précisément de tapisseries flamandes, représentant des scènes de Salomon et la reine de Saba. La salle du Trône est célèbre pour la fresque du plafond peinte par G.B. Tiepolo en 1758, représentant l'Allégorie du Mérite. Le trône doré servit au pape Pie VI durant son séjour à Venise. La salle de Tiepolo présente une toile exécutée par Giambattista entre 1744 et 1745. Les meubles ont été réalisés par l'atelier de Brustolon, et certains d'entre eux par Brustolon lui-même. Le second étage est empreint du goût tout à fait typique des maisons vénitiennes. La salle de Guardi présente trois fresques attribuées à Francesco Guardi. La chambre de l'Alcôve est une chambre vénitienne flanquée de deux petites pièces latérales couvertes de bois laqué et peint. Parmi les meubles figurent un petit coffre pour le trousseau de la mariée et un service de toilette. Le petit salon laqué vert possède des chinoiseries, une trentaine de petits meubles, tous laqués vert-or et décorés selon le goût de l'époque. Sur l'un des murs se trouve une curieuse peinture de la Lagune gelée, phénomène qui se produisit au cours de l'hiver 1788. La salle de Longhi est décorée au plafond du Triomphe de Zéphir et Flore, une des œuvres de jeunesse les plus significatives de G.B. Tiepolo; les murs sont

Ca' Rezzonico. Salle de bal. Cette structure fait partie des ajouts réalisés par Giorgio Massari au XVIIIème siècle.

*Ca' Rezzonico.
L'alcôve. Le petit tableau au-dessus du lit est un pastel de Rosalba Carriera représentant la Madone.*

couverts de 34 toiles de Pietro Longhi, intéressantes et agréables aux yeux, pour le thème qui y est traité. Ces tableaux constituent une galerie de scènes de genre, d'us et coutumes de la vie privée vénitienne et ils sont riches en détails exprimés sur un ton de plaisante satire: *Le chocolat du matin, La toilette de la dame, La polenta, L'atelier du peintre, La promenade à cheval, La* visite au couvent, Le petit concert en famille, La bauta, La Furlana, La pharmacie, L'ambassade du Maure, La vendeuse d'essences et Le rhinocéros. La salle du Ridotto présente deux célèbres tableaux de Guardi, Le Ridotto et Le parloir des religieuses. La riche société vénitienne se retrouvait dans les salles du "ridotto", ou maisons de jeu de San Moisè, ou encore dans le parloir des religieuses de San Zaccaria. On entre ensuite dans certaines petites pièces où l'on a reconstitué les salles de la villa des Tiepolo à Zianigo, peintes à fresque par G.D. Tiepolo. Cet artiste, enfin libéré de l'influence de son père, interprète librement le frivole monde vénitien, en soulignant la gaîté d'une société apparemment insouciante, durant ses villégiatures dans la campagne de Vénétie et le long des bords de la Brenta. Les tableaux les plus célèbres sont Le salon du Nouveau Monde, daté de 1791, où un charlatan illustre à une jeune campagnarde les nouveautés et les avantages d'une société différente; Le menuet dans la villa, avec la description d'une fête dansante en plein air; enfin, La promenade à trois. Dans une autre petite pièce domine le personnage du clown, vêtu de blanc et le visage couvert d'un masque, qui cache sa véritable identité sous cet aspect usurpé; sans oublier La maison des saltimbanques, Le repos des clowns, Le clown amoureux, empreint d'un voile de tristesse. Dans la fresque du plafond, les clowns s'amusent au jeu de la balançoire. Au troisième étage se trouvent, en très grand nombre, des chinoiseries, de la vaisselle et des costumes, des dessins et d'autres objets encore. La reconstitution de la vieille pharmacie n'est pas dénuée d'intérêt, car elle présente les meubles, les récipients, les verres, le laboratoire, le fourneau, l'alambic, les cornues et les burettes d'autrefois. Le théâtre des marionnettes, possède de nombreuses marionnettes originales du XVIIIème.

G. Domenico Tiepolo.
Les clowns.

Pietro Longhi
La toilette.
Le petit concert en famille.

F. Guardi. Le parloir des religieuses.

Pietro Longhi
La vendeuse de beignets.

Pietro Longhi
Portrait d'une famille patricienne.

127

Le musée est constitué d'une collection d'œuvres d'art qui peuvent se diviser en gros en: œuvres italiennes du XIXème siècle, œuvres italiennes du XXème et œuvres d'artistes étrangers. Les premières se réfèrent surtout aux artistes vénitiens actifs à Venise ou à des œuvres traitant des thèmes d'intérêt local. Les artistes les plus significatifs sont Teodoro Matteini, Francesco Hayez, Ludovico Lipparini, Ippolito Caffi, Tranquillo Cremona et Federico Zandomeneghi; Guglielmo Ciardi, Giacomo Favretto, Luigi Nono et Alessandro Milesi;

CA' PESARO

MUSÉE D'ART MODERNE

Pietro Fragiacomo et Ettore Tito; Giovanni Fattori, Telemaco Signorini, Giuseppe de Nittis et Antonio Mancini. Pour le XXème siècle, citons la collection de sculptures très intéressante de Medardo Rosso, de Umberto Boccioni, Gino Rossi, Arturo Martini, Felice Casorati, Pio Meneghini, Luigi Cadorin, Giorgio de Chirico, Carlo Carrà, Giorgio Morandi, Mario Sironi, Filippo De

128

Palais Pesaro.

Palais Pesaro. Musée d'Art moderne.
Vittorio Zecchin Les mille et une nuits.

Palais Pesaro. Musée d'Art Moderne.
Tête d'enfant de Medardo Rosso.

Pisis, Massimo Campigli, Felice Carena, Virgilio Guidi,
Bruno Saetti, Antonio Music, Mario de Luigi, Marco
Novati et Fioravante Seibezzi. Parmi les sculpteurs,
citons Francesco Messina, Giacomo Manzù, Alberto
Viani, Emilio Greco et Claudio Trevi. Les artistes étran-
gers les plus célèbres sont Rodin, Limbermann, Klin-
ger, Marquet, Derain, Chagall, Matisse, Rouault, Klimt,
Kandinsky, Klee, Grosz et Ernst.

CA' D'ORO

GALERIE FRANCHETTI

La Ca' d'Oro est sans doute l'exemple le plus singulier de toute l'architecture gothique de Venise pour la richesse de ses motifs décoratifs, pour la disposition des vides et des pleins, pour la légèreté de son couronnement en crénelures et pour sa tentative manifeste de faire pénétrer l'air et la lumière par la façade. Il s'agit d'architecture gothique, mais interprétée et réalisée avec un goût oriental (Matteo Raverti et les frères Bon: 1421-40). La Ca' d'oro abrite aujourd'hui la collection d'objets d'art constituée par le baron Giorgio Franchetti. Voici la liste de certaines de ces œuvres: quelques bustes en marbre de procurateurs d'Alessandro Vittoria, une lunette en marbre de Jacopo Sansovino, des tableaux de Vittore Carpaccio, comme *L'annonciation* et *Le passage de la Vierge*; une *Vénus* de Titien, *Saint Sébastien* de Mantegna, *La reine de Saba et Salomon* de Francesco da Ponte il Bassano, ainsi qu'un *Portrait de chevalier* de Antoine van Dyck.

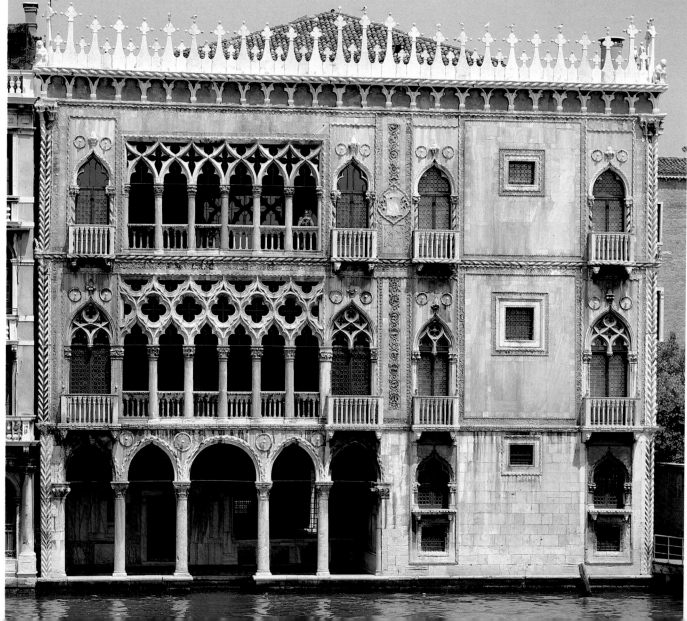

Ca' d'Oro.

Galerie Franchetti. La Piazzetta de Francesco Guardi.

Saint Sébastien de Andrea Mantegna.

Bataille entre satyres et géants de Vittore Gambello.

Musée d'Art Hébraïque. Juifs vénitiens du XVIIIème siècle.
(d'après un tableau représentant la cérémonie de la circoncision (milah)).

Pont et maisons du Ghetto Nuovissimo.

Musée d'Art Hébraïque: ornement pour les rouleaux de la loi (rimmon).
(Art vénitien de la fin du XVIIème siècle).

Le Ghetto. C'est le premier lieu de résidence stable à Venise des juifs d'origine allemande, qui pratiquaient le prêt sur intérêts. Il remonte à la période qui a suivi la guerre de Chioggia (1378-80) et il leur fut concédé par le gouvernement du fait des conditions financières difficiles que connaissait alors la ville. Le Ghetto à proprement parler fut institué en 1516; on y relégua les juifs de la ville qui étaient ainsi isolés du reste de la population. Les juifs allemands furent suivis des juifs italiens, des Levantins, des Espagnols, dont les Marranes. En 1797, le Ghetto fut ouvert et les juifs purent alors prendre part à la vie de la ville, au même titre que les autres habitants. Au cours des siècles où les juifs furent isolés, ils constituèrent un petit état avec son propre culte et ses propres écoles. Le Ghetto se divise en trois parties: le Vieux Ghetto (1541), Le Nouveau Ghetto (1516), le Ghetto "Récent" (1633). Les synagogues sont la Scola Spagnola (arch.: Baldassare Longhena, XVIIème siècle); la Scola Levantina (1538), la Scola Italiana (1575), la Scola Canton (1531-32) et la grande Scola allemande (1529).

Le musée d'art hébraïque recèle les objets traditionnels de ce culte. La visite des synagogues et du musée est intéressante pour tous, car elle présente les vestiges d'une culture qui était celle d'une communauté qui contribua fortement à la vie de la population vénitienne.

Vieux Ghetto. Calle di Ghetto Vecchio.

Nouveau Ghetto. Maisons donnant sur le rio di Ghetto Nuovo vers le Ghetto Nuovissimo.

LES GRANDES SCUOLE

Jacopo Tintoretto. Translation du corps de saint Marc.
Tableau se trouvant autrefois dans la Scuola Grande di San Marco
et aujourd'hui dans les Galeries de l'Académie.

Les Scuole étaient des associations à but religieux qui sub-venaient aux besoins de la population dans les périodes dif-ficiles que pouvait connaître la ville, comme la disette, les pestilences, ou les guerres. Ces "écoles", placées sous l'auto-rité de différentes corporations et métiers, conservaient les volumes dans lesquels étaient définis les règlements de cha-cune d'elles et lorsqu'elles étaient fondées par des étrangers, elles se devaient de venir en aide à leurs concitoyens qui vivaient ou arrivaient à Venise. Les grandes scuole étaient celles de Santa Maria della Carità, de la Misericordia, de San Giovanni Evangelista, San Marco, San Rocco, San Teodoro et presque toutes commencèrent leur activité de bienfaisan-ce vers le milieu du XIVème siècle, sous la forte impulsion des grands ordres franciscain et dominicain. Les confrères des scuole portaient aussi le nom de battuti (les Flagéllants) parce qu'ils se frappaient durant les processions. A l'origine, tous les citoyens pouvaient faire partie d'une "école" mais au fil du temps, on interdit aux nobles de se mêler à une classe différente de la leur. C'étaient donc les bourgeois qui diri-

geaient ces confraternités en exerçant les charges de Guardian Grando (littéralement, Grand Gardien, ou Président) ou
de Guardian de Matin (c'est-à-dire Gardien du Matin, ou
Secrétaire) et en s'occupant de la Banque, autrement dit des
affaires administratives, et ils avaient pour tâche d'assurer
ensemble la gestion de l'institution. A la chute de la République et avec la prise de pouvoir de l'administration napoléonienne, les "écoles" furent privées de leurs biens, meubles et
immeubles. Venise fut spoliée d'une immense quantité
d'œuvres d'art, dérobées pour la plupart dans les scuole
dans le but de constituer les musées de Milan et de Venise et
beaucoup d'entre elles furent même tranférées à l'étranger.
La Scuola Grande di San Rocco fut la seule à échapper à ces
spoliations et à conserver intacts son prestigieux patrimoine
artistique et son propre siège. C'est ainsi que les célèbres
tableaux des Miracles de la Croix passèrent de la Scuola de
San Giovanni Evangelista aux Galeries de l'Académie, tout
comme les tableaux des Miracles de San Marco, situés autrefois dans la Scuola Grande di San Marco.

Vittore Carpaccio. Cycle de sainte Ursule. Arrivée des Ambassadeurs anglais à la cour
de Bretagne. Tableau se trouvant autrefois dans l'Oratoire de la Scuola de sainte Ursule, à S.S. Giovanni e Paolo et aujourd'hui dans les Galeries de l'Académie.

LE JÉSUS
DE SAN ROCCO

Salle de l'Albergo. Jacopo Titoretto. Le Christ devant Pilate.

SCUOLA GRANDE DE SAN ROCCO

Pinacothèque Querini Stampalia. G. Bella, La Visit de doge à S. Rocco.

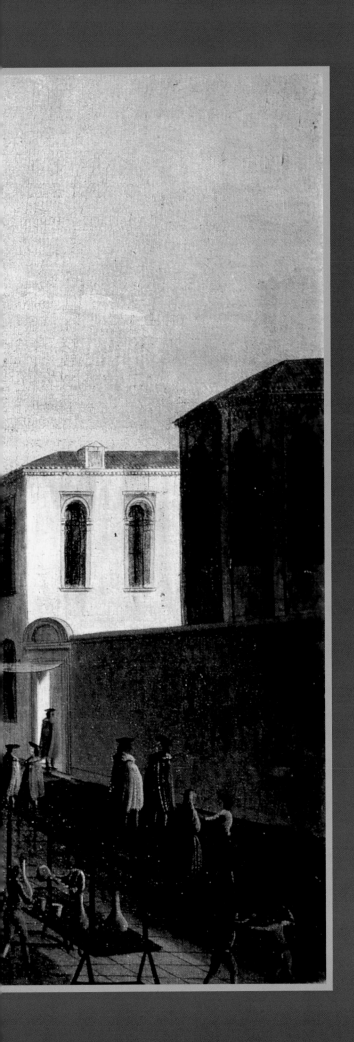

La Scuola Grande di San Rocco fut construite en trois temps: de 1515, sous la direction de l'architecte Antonio Abbondi, dit Le Scarpagnino, à 1560, où elle fut achevée par Giangiacomo dei Grigi. Elle se compose de deux salons superposés, d'un escalier monumental à deux rampes qui se rejoignent dans la seconde partie, où elles atteignent le sommet du luxe et du raffinement. La Scuola di San Rocco doit toutefois sa célébrité au cycle de peintures que Jacopo Tintoretto réalisa en 24 ans, entre 1564 et 1588. L'artiste commença par peindre les grandes toiles sur les murs du premier étage, qui racontent la vie du Christ. Elles représentent *La crèche, Le baptême, La résurrection, La prière dans le jardin des oliviers, La résurrection de Lazzare, L'ascension, La piscine Probatique et Les tentations du Christ*. Les toiles disposées sur le plafond représentent des épisodes tirés de l'Ancien Testament; ce sont *Moïse fait jaillir l'eau du rocher, Adam et Eve, Dieu apparaît à Moïse, Le passage de la Mer Rouge, Jonas sort du ventre de la baleine, Le miracle du serpent de bronze, La vision du prophète Ezechiel, La résurrection après la mort; L'escalier de Jacob, Le sacrifice d'Isaac, La Manne, Elie nourri par un ange dans le désert, Elie distribue le pain au peuple et La Pâque juive*.

SALLE DE L'ALBERGO
SALLE DU HAUT

ET SALLE DU BAS

Salle du Bas. Jacopo Tintoretto, Fuite en Egypte.
Salle du haut, plafond. Jacopo Tintoretto, Le péché original.
Salle de l'Albergo. Jacopo Tintoretto, Le printemps.

Dans la salle de "l'Hôtel", au mileu du plafond, se trouve la *gloire de San Rocco*, que Le Tintoret offrit à l'école pour s'assurer de réussir le concours, tandis que les autres concurrents n'avaient présenté qu'une simple esquisse de leur travail. Le mur face à l'entrée, dans cette même salle, est recouvert par l'immense toile de la *Crucifixion*, dont la composition triangulaire est tout entière centrée sur la croix. Les autres tableaux sont intitulés *Le Christ devant Pilate*, où la figure du Christ, enveloppée dans un vêtement blanc, s'élève solitaire et intouchable au-dessus de la foule anonyme. C'est la *Montée au calvaire*. On peut y admirer également deux œuvres célèbres de Titien, le *Christ Porte-Croix* et *le Christ mort*, qui ont été transférées ici depuis l'église voisine de San Rocco et installées sur des chevalets. Si l'on retourne dans le salon, on peut voir à l'extrémité opposée quelques tableaux importants, comme *L'Annonciation* de Titien, *La Visitation* du Tintoret, *Abraham et les anges*, ainsi que *Agar abandonnée* de G.B. Tiepolo.

.Après avoir descendu l'escalier monumental, et être parvenus au rez-de-chaussée, il est possible d'admirer d'autres tableaux du Tintoret qui racontent le Nouveau Testament. Ces tableaux s'intitulent *L'Adoration des Mages*, *la Fuite en Egypte*, *Le Massacre des innocents*, *sainte Marie-Madeleine*, *sainte Marie d'Egypte*, *La Circoncision* et *l'Assomption*.

Salle du bas. Jacopo Tintoretto, Sainte Marie d'Egypte.

Salle du bas. Jacopo Tintoretto, La crèche.

Salle de l'Albergo, plafond. Jacopo Tintoretto, L'Automne.

Jacopo Robusti, dit Le Tintoret, est né et a vécu à Venise de 1519 à 1594. Son nom lui vient du fait qu'il était fils d'un teinturier. Il est difficile de le suivre durant ses années d'apprentissage, bien qu'il fût à l'école de Titien, qui l'éloigna toutefois parce qu'il n'appréciait pas trop la manière de peindre de son disciple. Il paraît, toutefois, que dans l'atelier du Tintoret, il y avait écrit *"dessin de Michel-Ange et couleur de Titien"*. On peut affirmer que Le Tintoret connaissait bien la peinture des grands maîtres de la Renaissance mais qu'il les a complètement dépassés dans les œuvres figurant à la Scuola San Rocco, dans lesquelles il a développé son propre style. Les femmes du peuple gigantesques qui emplissent ses tableaux rappellent Michel-Ange; les compositions en angles, l'expression du mouvement et les couleurs sont dominées par la lumière, qui fait à la fois fonction d'élément de synthèse et de lien entre les différentes parties de la composition.

VENISE LES FETES

Il faut dire que Venise est une ville qui se prête à être toujours en fête et par le passé, on ne cessait de célébrer officiellement des événements de haute importance pour le peuple, même s'ils s'étaient produits bien des siècles auparavant. Mais c'était le cas aussi pour des événements d'intérêt plus restreint comme la fête du saint patron ou le mariage d'un noble. La plus ancienne des fêtes vénitiennes est celle des "Maries", instituée pour rappeler la victoire remportée sur les pirates qui avaient enlevé les épouses des Vénitiens et dérobé leur trousseau dans l'église de S. Pietro di Castello. C'est ainsi l'occasion d'honorer ceux qui se sont le plus distingués dans cette "chasse" aux pirates qu'ils avaient poursuivis jusqu'à Caorle où ils les ont vaincus; il s'agit des artisans appelés "casselleri" car ils fabriquaient les coffres destinés à recevoir le trousseau des mariées et dont les ateliers se trouvaient dans la paroisse de Santa Maria Formosa. Le jour de la fête, le doge se rendait dans l'église du même nom. Au fil des ans, ces fêtes relativement simples au départ furent égayées par de la musique et du vin, ce qui finit par engendrer d'énormes dépenses. En 1379, au moment de la guerre de Chioggia, les conditions financières de la population étaient si mauvaises que cette fête fut abolie. Pour ce qui est de la fête du Jeudi Gras, elle rappelait la lutte de l'évêque de Grado, soutenu par les Vénitiens, contre Ulric, évêque d'Aquileia, qui fut vaincu et fait prisonnier. Le pape intervint, le fit libérer mais le patriarche fut obligé d'envoyer chaque année à Venise un taureau et douze porcs qui représentaient symboliquement le patriarche et ses douze chanoines. On décapitait le jour du Jeudi Gras le taureau et les douze porcelets sur la Piazzetta, en présence du doge et de la Seigneurie, pour le plus grand divertissement du peuple. Cette fête fut célébrée jusqu'au XVIème siècle où elle fut ensuite considérée comme mal venue, car le Frioul avait été entre temps annexé à la République. La fête du Vendredi Saint avait lieu le jour le plus triste de la Semaine Sainte. Y prenaient part le Doge, la Seigneurie et, vêtus de noir, les

Procession du soir précédant le Vendredi Saint.

Le Dimanche des Rameaux. G. Bella.
Pinacothèque Querini Stampalia

confrères de toutes les grandes scuole de la ville qui se réunissaient en une grande procession nocturne. Cette fête revêtait en effet le caractère tragique des circonstances qu'elle rappelait et une fois que la procession avait pris fin sur la place, elle se poursuivait par des cortèges de pénitents qui traversaient les nombreuses paroisses de la ville. La visite du doge au monastère de San Zaccaria, où passaient leur existence les filles de la noblesse non destinées au mariage, mais pourvues d'une riche dot, constituait une autre occasion de fête. Dans le cortège qui précédait le doge se trouvait un page qui portait un plateau d'argent sur lequel reposait la corne ducale, que le doge avait reçue en don. Certaines scènes de cette fête sont reproduites dans de nombreux tableaux du XVIIIème siècle, réalisés à l'époque de la décadence, où le monastère de San Zaccaria, comme bien d'autres de Venise, étaient connus pour la vie plutôt dissolue que l'on y menait. Le jour de la Sensa, Venise célébrait sa victoire sur les pirates de la Narenta et la fête consistait en un cortège de bateaux qui accompagnaient le Bucentaure jusqu'à l'église de San Nicolò du Lido, où le doge jetait son anneau à la mer et célébrait ainsi ses noces symboliques avec elle. Venise marquait aussi la fête du Corpus Domini ainsi que la fête du Rédempteur, instituée au moment de la fin de la peste en 1575 et qui a lieu aujourd'hui encore le troisième dimanche de juillet. Cette fête se déroulait surtout la nuit où l'on organisait de grands banquets sur les bateaux qui se dirigeaient ensuite vers le Lido où l'on admirait le lever du soleil. Le doge se rendait également à San Rocco pour commémorer la fin de la peste de 1575; il y était reçu par ses confrères et il assistait à la messe. Lors de la fête de la Salute, le 21 novembre, la population et le doge exprimaient leurs remerciements à la Vierge pour avoir fait cesser la peste de 1630. Ces fêtes de la Salute et du Rédempteur, ainsi que la Régate, sont aujourd'hui encore très importantes pour la population vénitienne.

La visite du doge à San Zaccaria. Copie de A.Canal. Musée Correr, Venise.

Le Bucentaure suivi d'un cortège de bateaux à San Nicolò.
G. Bella. Pinacothèque Querini Stampalia, Venise.

LA
RÉGATE HISTORIQUE

Régate Historique. Le cortège sur l'eau, le long du Grand Canal, au pont de Rialto.

Régate Historique. Le cortège sur l'eau le long du Grand Canal, avec au fond la coupole de la Salute

Régate Historique. Le cortège sur l'eau dans le bassin de Saint-Marc.

Régate Historique. Un bateau avec figurants suivant le bateau du doge.

La très célèbre régate était au départ une compétition de vitesse entre des petites gondoles à deux rameurs; cette fête nationale a été célébrée au fil des siècles avec un grand déploiement de faste pour le plus grand plaisir du peuple et des étrangers. Le Grand Canal était le décor naturel et somptueux de cette "régate" qui non seulement s'est perfectionnée avec le temps et a réussi à présenter de plus en plus d'intérêt, mais est devenue de plus en plus spectaculaire au fur et à mesure que la manifestation gagnait en caractère officiel. La régate à proprement parler était précédée d'une parade de bateaux dits "bissone", dotés d'un grand nombre de rameurs. Ces bateaux, qui ressemblaient à des chars du Carnaval, portaient à la poupe et à la proue de grandes figures symboliques et allégoriques dont le thème était généralement en rapport avec la mer. Le doge lui-même, situé au sommet de la poupe d'une grande embarcation, parcourait tout le Grand Canal en saluant la foule qui se serrait le long des quais aussi bien aux fenêtres que sur les toits des maisons et des palais, voire sur les gradins installés

sur les grands bateaux amarrés le long des rives. La ligne d'arrivée de la régate se trouvait devant le Palais Foscari où le doge en personne remettait le prix au vainqueur. Ce prix consistait en un porcelet de lait. Si la petite gondole à deux rames est restée le bateau classique pour ce genre de régate, d'autres bateaux encore, divisés en différentes catégories, comme nous dirions aujourd'hui, entraient en compétition entre eux avant la régate même; la fête durait toute la journée et continuait le soir par des banquets et des feux d'artifice.

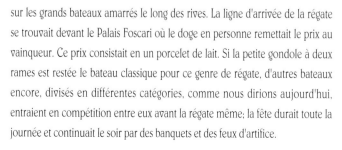

LE
CARNAVAL
DE VENISE

Ce n'est pas le lieu ici de parler en détail du Carnaval de Venise, qui était connu au XVIIIème siècle dans l'Europe tout entière et qui reste fort célèbre aujourd'hui encore, à la fois comme fait historique et comme habitude sociale. Il a fait d'ailleurs l'objet d'un grand nombre de tableaux, de gravures et de descriptions. Nous dirons seulement que pendant la période du Carnaval, Venise connaissait une animation tout à fait particulière qui impliquait non seulement les nobles et les étrangers, qui accouraient fort nombreux dans la ville lagunaire, mais également le peuple tout entier, autrement dit les riches aussi bien que les pauvres. La participation était totale; même si les fêtes et les spectacles les plus importants se déroulaient sur la Place Saint-Marc, on en organisait aussi dans les autres quartiers de la ville, sur les places de Dorsoduro et de Castello, de Cannaregio et de Santa Croce. On commençait les festivités par des bals en plein air, qui se déroulaient au son de violons et de violoncelles, ou encore de fifres et de tambours. Ces bals étaient souvent suivis de banquets éclairés par des lampions de toutes les couleurs contenant des bougies. On pouvait danser aussi sur les places à proximité des monastères, mais seulement jusqu'au coucher du soleil. Jusqu'au milieu du XIIIème siècle, on avait autorisé à Venise le port du masque qui empêchait de reconnaître les gens qui le portaient. Cette concession fut accordée par le gouvernement pour satisfaire l'exigence, ou plutôt la demande expresse des citoyens (d'ailleurs, lorsque l'on tenta de limiter ou d'interdire le port du masque, ce décret resta lettre morte, malgré les fortes amendes prévues par la loi) - la demande, donc, de pouvoir participer pendant cette période de grande allégresse à toutes sortes de divertissements et de pouvoir s'y abandonner librement, sans craindre d'être reconnus. On peut donc voir et reconstituer, grâce aux nombreuses représentations datant quasiment toutes du XVIIIème siècle, ce qu'étaient ces grandes fêtes que la République elle-même organisait avec le concours des "scuole" et des corporations, du Jeudi Gras au dernier jour du Carnaval: les scènes et les tribunes construites pour pouvoir accueillir une foule immense de spectateurs, les cortèges de gens costumés qui dansaient, chantaient et jouaient, ainsi que les spectateurs proprement dits: les chasses de taureaux, déjà évoquées, le vol du Turc sur une double corde, du sommet du campanile à la loggia du Palais des Doges, les travaux d'Hercule, qui étaient rejoués les jours suivants sur d'autres places ou sur des bateaux installés sur des larges canaux larges, les feux d'artifice sur des tours édifiées avec beaucoup de fantaisie. Le doge et la seigneurie assistaient au grand complet à ces manifestations, vêtus de leurs plus beaux atours.

Masques du carnaval moderne.

LA FÊTE
DU RÉDEMPTEUR

ET LA SALUTE

La procession du Rédempteur. G . Heintz.
Musée Correr, Venise.

Le troisième dimanche de juillet de chaque année a lieu la fête du Rédempteur, qui a beaucoup de retentissement aujourd'hui encore au sein de la population, qui afflue en grand nombre à la Giudecca, reliée en cette occasion aux Zattere par un pont constitué de bateaux. La fête se poursuit le soir sur l'eau: de nombreuses embarcations se réunissent sur le canal et les Vénitiens assistent à des spectacles pyrotechniques, tout en mangeant et en buvant.

La tradition veut que l'on se rende ensuite au Lido pour assister sur la plage au lever du soleil. Cette fête représente aussi une excellente occasion pour échapper aux grandes chaleurs de l'été. Les heures passées en bateau, au fil de l'eau, donnent en général l'illusion de se sentir

mieux. Cette sensation est renforcée par toute la préparation des mets et des boissons qui occupe les gens la journée tout entière. Cette célébration fait un peu partie de la vie des habitants de Venise, qui aiment à être ensemble, l'un près de l'autre, à bavarder, sans rien dire d'important, "a tagliar tabarri", comme l'on disait au XVIIIème siècle, ce qui signifie parler de la pluie et du beau temps, donc sans faire de tort à personne. Puis soudain, le vin aidant, quelqu'un se met à chanter "San Marco e il suo leon", en souvenir des entreprises désormais lointaines, mais encore fort présentes dans les esprits, imprégnées d'un passé glorieux et d'une tradition qui, depuis les pierres, se perpétue dans les âmes.

Un des chefs-d'œuvre les plus frappants de l'architecture

Les "foghi" (feux d'artifice) du Rédempteur.

La Basilique de Santa Maria della Salute.

de Venise, l'église de Santa Maria della Salute, est dû au décret du Sénat de la République du 22 octobre 1630, qui stipula la construction d'un temple en l'honneur de la Vierge, pour la remercier d'avoir fait cesser la peste. Depuis la fin des travaux, achevés en 1681, on célèbre chaque année, le 21 novembre, la fête de la Salute. Ce jour-là, tous les habitants de Venise et de la terre ferme se rendent au temple de la Salute afin que la Vierge Marie les garde en bonne santé physique et mentale, grâce à la bienveillance des cieux.

Un pont de bois, qui prend appui sur des bateaux, relie les deux rives du Grand Canal à hauteur du Campo Santa Maria del Giglio et on vend des articles religieux près de l'église. Pendant la journée tout entière, la foule se presse devant l'image de la Vierge Marie et sur le chemin du retour, les gens s'entretiennent avec leurs amis et leurs connaissances et s'échangent des vœux de bonne santé autour d'une table, dans les traditionnelles "trattorie". Autrefois, cette fête était beaucoup plus importante car le doge lui-même et la seigneurie

se rendaient à la Salute en grande pompe pour assister aux fonctions religieuses, en revêtant ainsi cette manifestation d'une dimension officielle. Mais aujourd'hui aussi, cette fête conserve son sens de réunion populaire où tous participent d'un sentiment religieux inconscient sans doute, mais qui les pénètre sans exception aucune.

Les monastères, les abbayes et les couvents ont exercé une influence de premier plan sur la vie religieuse et sociale de la ville. Du fait de l'importance qu'ils avaient alors et des trésors qu'ils recelaient, il vaut la peine d'en rappeler au moins les noms: l'Abbazia dei Camaldolesi (ou Abbaye des Camaldules) de San Michele in Isola, qui fait aujourd'hui office de cimetière et dont la façade de l'église, conçue par Mauro Coducci, est d'un grand intérêt architectural; l'Abbaye de la Misericordia avec son église et sa scuola de la Misericordia, qui est l'une des Scuole Grandi (ou Grandes Ecoles); l'Abbaye de San Cipriano à Murano et l'Abbaye de San Gregorio. Cette dernière revêtit une grande puissance lorsque les moines s'y établirent au XIIIème siècle, après avoir été contraints d'abandonner l'abbaye de Sant'Ilario, située au bord de la lagune, dans une région devenue à la fois insalubre et le théâtre de nombreux conflits entre les Padouans et les Vénitiens. Il reste de cette abbaye l'église de S. Gregorio, le petit cloître sur le Grand Canal et le portail d'entrée surmonté de la statue représentant ce saint. Le Convento dei Canonici Lateranensi (ou couvent des Chanoines du Latran) abrite aujourd'hui l'Académie des Beaux-Arts et les Galeries de l'Académie. Citons aussi Santa

Cloître de Santa Maria Gloriosa dei Frari.

Cloître de Sant'Apollonia.

Cloître de Saint-François de la Vigne.

Ile de saint-Georges. Cloître des Cyprès.

Maria della Celestia et le Couvent des Dominicains de S.S. Giovanni e Paolo, le couvent de Santa Maria della Fava des Frères Rédemptoristes, le couvent des Frères Franciscains à Santa Maria dei Frari, sans oublier ceux des Gesuati, des Gesuiti, de la Madeleine sur l'île de la Giudecca, de la Madonna dell'Orto, de S. Maria dei Miracoli, des Ognissanti (ou Toussaint), du Rédempteur avec ses Frères Capucins, de S. Cipriano, de S. Francesco della Vigna, de S. Giorgio Maggiore (ou St-Georges Majeur), de S. Sebastiano, des Scalzi (ou Déchaussés) et des Templari (ou Templiers). Nous ne venons d'évoquer que quelques noms de ces centres religieux, riches en œuvres d'art, en objets sacrés et en parements. A la chute de la Sérénissime République, qui tout au long de son histoire avait toujours cherché à cantonner ces communautés dans les limites d'une vie religieuse de nature associative, la plupart de ces institutions furent fermées, transformées et leurs richesses artistiques dispersées. Il ne reste que deux centres religieux qui, de par le vaste espace qu'ils occupent et les trésors d'art qu'ils contiennent encore, peuvent nous donner une idée de l'importance qu'avaient les monastères. Je me réfère à Santa Maria dei Frari et à S.S. Giovanni e Paolo.

BASILIQUE DE
SANTA MARIA GLORIOSA

DEI FRARI

L'église des Frari fait architectoniquement partie d'un ensemble monastique comprenant deux cloîtres, les cellules des moines Franciscains -,et les salles de réunion et de prière. Cet ensemble, dans sa forme actuelle, remonte aux XIVème, XVème et XVIème siècles.

L'église, spacieuse, de style gothique, attire de nombreux visiteurs, aussi bien pour la particularité de son architecture, le style gothique y est ordonné en rythmes larges tant verticalement qu' horizontalement, que par la richesse de ses œuvres d' art dont les principales sont l'"Assomption" et la "Madone de Casa Pesaro" de Titien, le triptyque de Giovanni Bellini, "Saint Jean-Baptiste" de Donatello, le triptyque de Bartolomeo Vivarini, le monument au doge Tron, d'Antonio Rizzo et la statue de "Saint Jean-Baptiste" de Sansovino.

Basilique de Santa Maria dei Frari. L'intérieur.

Basilique de Santa Maria dei Frari.

Basilique de Santa Maria dei Frari. Maître-autel.
Le Titien, l'Assomption.

BASILIQUE
DES SAINTS GIOVANNI
Et PAOLO

Campo S.S. Giovanni e Paolo.
Scuola Grande San Marco.
Façade, canal et pont.

Campiello Querini-Stampalia

Campo S.S. Giovanni e Paolo.
La scuola, la basilique,
et le monument érigé à Colleoni.

Campo S.S. Giovanni e Paolo.
Andrea Verrocchio,
statue équestre de
Bartolomeo Colleoni.

SS. Giovanni et Paolo est la dénomination du célèbre ensemble monastique, situé au nord-est de la ville, appartenant aux Dominicains. Il comprenait à l'origine l'église, des cloîtres, des jardins, des salles de réunion et de prière. Actuellement l'église est encore tenue par les Dominicains tandis que les cloîtres, les jardins et les salles ont été annexés à l'hôpital installé dans les locaux de l'ancienne Scuola di San Marco, à proximité de l'église. Depuis le XIIIe siècle - lorsque les frères dominicains reçurent de la part du doge Jacopo Tiepolo un terrain à bâtir dans cette zone - le prestige et l'importance de SS. Giovanni et Paolo ne cessèrent d'augmenter au cours des siècles. L'église devint bientôt le lieu de sépulture de plusieurs doges, s'enrichissant de monuments funéraires, d'œuvres d'art et, comme dans les principales villes italiennes et étrangères, l'église des Dominicains devint la contrepartie de l'église des Franciscains. Dès le campo, la beauté du lieu provoque une forte sensation. Le monument érigé à Bartolomeo Colleoni exalte, dans la simplicité de son piedestal, le courage et la force du condottiere; la façade de la Scuola di San Marco, avec ses sculptures et ses marbres, démontre un grand raffinement. L'intérieur de l'église reprend le mouvement de celle des Frari, mais elle est plus lumineuse du fait de son abside orientée vers le sud. Les œuvres d'art les plus célèbres sont le polyptyque de G. Bellini, la toile de G.B. Piazzetta, celles du Véronèse et les nombreux monuments funéraires qui sont aux murs.

159

LA VENISE MINEURE

Lorsque l'on parle ou que l'on écrit sur la Venise Mineure, on évoque habituellement les quartiers de la ville situés en dehors des itinéraires connus, que l'on parcourt à pied ou en bateau, comme les Mercerie, le Pont de Rialto, la Strada Nuova, le Grand Canal, le Bassin de Saint-Marc et le canal de la Giudecca. Mais même sans le déclarer ouvertement, on laisse entendre que la Venise mineure est moins importante que la Venise officielle. Je voudrais dire à ce propos, et je n'exprime pas là une simple affirmation personnelle, que la Venise mineure possède un charme tout particulier que l'on peut souvent savourer devant certaines perspectives, le long de ses canaux, sur ses ponts, ses campi (ou places) et qui peut naître d'une gondole glissant sur un rio, des reflets sur l'eau du parapet d'un pont, d'un voyageur assis par terre en train de prendre des notes et de tant d'autres images. Quoi qu'il en soit, la Venise mineure représente le tissu urbain de Venise par excellence: elle se compose d'étroits canaux, de ruelles où l'on peut parfois à peine passer; elle présente des constructions basses qui laissent entrevoir un peu de ciel, elle résonne des babillages des habitants qui se parlent dans la rue ou d'une fenêtre à l'autre, du son des cloches qui se mettent soudain à sonner ou des voix des groupes de touristes qui, à leur manière, rendent hommage à la ville. Lorsque l'on flâne sans but précis, le long des rues ou des canaux, la vue est attirée par un ou plusieurs palais, ornés de fenêtres gothiques, par une place enrichie d'un monument célèbre, par la façade ou les absides d'une église qu'embellissent des marbres précieux. A San Giovanni Evangelista, par exemple, le long de la calle dell'Olio, se déploie un arc qui donne accès à un endroit tout à fait inattendu, des sculptures de la Renaissance parachèvent la beauté du lieu. Pour aller de Piazzale Roma ou de la gare de chemin de fer vers l'embarcadère de San Tomà, où l'on prend le vaporetto pour Saint-Marc ou pour Rialto, on traverse le Campo San Rocco: comme c'est un campo de passage, il peut fort bien arriver que l'on marche distraitement et que l'on ne remarque pas la façade Renaissance de la Scuola di San Rocco, en pierre blanche d'Istrie, ou la Scoletta près de l'église, ou encore les gigantesques absides de l'église de Santa Maria Gloriosa dei Frari. La visite de la Scuola di San Rocco vous récompense vivement du temps que vous lui consacrez par la beauté de ses vastes salons, des sculptures en bois décorant les murs et des quarante toiles peintes par J.Tintoretto. La Scuola di San Rocco est l'un des points de référence pour la peinture du Tintoret pour tous les visiteurs de la ville. Encore quelques pas et l'on parvient au Campo San Tomà, aux constructions de peu d'étages, orné du portail (1478) de la Scuola dei Caleghieri ("école" des cordonniers), de la margelle de son puits, de la façade de l'église et de son campanile inachevé. Si l'on continue vers Rialto, on longe le palais Centani où nacquit Goldoni et après avoir dépassé l'église et le campanile, on voit s'ouvrir le Campo San Polo. Entre la calle della Madonnetta et la calle delle Erbe,

on peut observer, dans la demeure située au début de la rue, une fenêtre géminée de style lombard, qui rappelle le Quattrocento. Au-delà de Campo Sant'Aponal commence le quartier de Rialto, célèbre pour son marché où l'on trouve un peu de tout: des légumes, du poisson, des fromages, de l'huile et de nombreux débits de boissons, qui proposent aussi bien du vin que de la bière, ainsi que de nombreuses trattorie (petits restaurants) où l'on peut savourer les cichetti (ou amuse-gueule) à la vénitienne. Mais c'est le nom des ruelles qui remémore les siècles passés, avec l'ombre de Shylock qui loue les galères en partance pour le Levant ou des nobles qui font fonction de changeurs, même sans personne interposée. Les tableaux de Carpaccio montrent le pont de Rialto en bois, le trafic entre les deux rives et le palais des Patriarches de Grado dont on peut encore apercevoir une corniche sur les toits. Pour la voir, il faut passer de l'autre côté du Grand Canal, sur la rive del Carbon. Puis on débouche sur la Ruga degli Orefici (rue des Orfèvres), avec ses arcades du Campogiro, suivie de l'erberia, ou marché aux herbes, de la pescheria, ou marché aux poissons - quartier où se trouvent aussi la beccaria, ou boucheries, la panetteria, ou boulangeries et les botteri, ou tonneliers. Le quartier de Rialto est très vieux: la construction du premier oratoire à cet endroit remonte, selon les dires, au Vème siècle. Ici on respire partout le parfum du temps passé, que ce soit sous les sombres arcades, dans les ruelles étroites, ou dans la manière d'être des passants, et si l'on pousse un peu plus encore, on se retrouve sur le Campo S. Maria Mater Domini, en plein XIVème siècle. Un autre itinéraire à suivre - mais y en a-t-il à ne pas suivre? - pourrait être celui qui commence au niveau de l'égli-

se S. Giovanni Crisostomo et qui s'achève sur l'escalier extérieur de la demeure des Morosini, puis sur la Cour du Milion, qui rappelle Marco Polo, qui est arrivé en Orient vers la fin du XIIIème siècle et l'a bien décrit. Le campo S.S. Giovanni e Paolo est connu pour son monument équestre érigé à Bartolomeo Colleoni et pour la façade de la Scuola San Marco qui est une construction artistique de première importance. La Corte Bottera, adjacente au campo, est loin de manquer de charme. La Scuola di San Giorgio degli Schiavoni recèle quelques tableaux de Carpaccio. Le Ghetto se distingue par ses maisons qui peuvent atteindre huit étages. Le terme de "ghetto" tire son origine précisément de ce quartier, ou la République avait des fours dans lesquels on liquéfiait le plomb que l'on coulait ("getto") pour fabriquer des canons. L'institution de ce quartier remonte à l'année 1527, lorsque l'on y isola les juifs pour la première fois. On associe souvent le nom de Santa Fosca à Paolo Sarpi qui avait défendu les droits de la Sérénissime contre la papauté à l'époque de l'interdit lancé par le pape Paul V en 1606. Ce ne sont là cependant que quelques-uns des parcours possibles; mais laissez-vous emporter par les mille facettes que peut vous offrir cette ville aux mystères insondables.

DE LA FENICE

AU CAMPO SAN LUCA

Les points de référence pour le quartier qui s'étend depuis la Place Saint-Marc en direction de Santo Stefano et San Luca, et jusqu'au pied du Rialto, pourraient être les suivants: la Fenice, l'Escalier Contarini dal Bovolo, le campo S. Stefano, le campo S. Angelo, où vécut et mourut, dans le palais Duodo, situé au n.° 3584, le compositeur Cimarosa et le campo S. Beneto et l'église. La Fenice est un bijou aux dimensions retenues, conçu au 18° siècle par l'architecte Antonio Selva. Sur le campo Santo Stefano donnent l'église et les palais Morosini, Pisani et Loredan. Cette église, riche en œuvres

d'art, recèle le tombeau de Francesco Morosini, dit le Péloponné-
sien. La "piscina" San Samuele, située à proximité, fut le lieu d'habitation de Paolo Veronese et elle vit également travailler Tiziano
Vecellio, Tullio Lombardo et d'autres artistes encore. Ce quartier est
connu pour avoir été le théâtre d'histoires truculentes d'adultères et
d'amours interdites. Pietro Aretino, dit L'Arétin, est inhumé dans
l'église de San Luca.

Pont et canal S.Andrea.

Théâtre La Fenice.

Rio San Trovaso.

*Palais Contarini dal Bovolo.
Escalier en colimaçon.*

*Le marché à Rialto et la
façade de l'église de
San Giacometto.*

L'église de San Giovanni Crisostomo est une œuvre de Codussi de style Renaissance, remontant à la fin du XVème siècle. Derrière l'église s'étend la petite place du Milion qui présente des vestiges d'édifices byzantins du XIème et XIIème siècle. Le nom du Milion vient du fait que la famille Polo y possédait quelques maisons; à cette famille appartient Marco, le célèbre voyageur vénitien qui arriva jusqu'à la cour du Grand Mogol (1271-1278).

Le campo de SS. Giovanni e Paolo est un centre artistique et traditionnel du plus haut intérêt; en effet, son église peut être considérée comme le panthéon de la nation vénitienne parce que beaucoup de doges y furent enter-

rés. Les frères dominicains, qui habitaient dans les deux grands cloîtres qui servent aujourd'hui d'Hôpital Civil, exercèrent une forte influence sur la vie religieuse et sociale de Venise au cours de nombreux siècles, du XIIIème à la chute de la République.

L'église de la Pietà fut un autre centre important pour les œuvres accomplies en faveur des orphelines, surtout de la part du compositeur et violoniste Antonio Vivaldi, au XVIIIème siècle. Et il ne faut pas oublier la scuola de Saint-Georges des Esclavons, pour ses tableaux de Vittore Carpaccio, ni le centre religieux composé de l'église et du monastère de S. Zaccaria.

Corte del Milion.

Canal typique.

Portrait imaginaire de Marco Polo.

Cour avec l'escalier ouvert de la maison des Morosini.

Couvent de San Zaccaria. Grand Cloître.

Eglise de la Pietà.

Portrait d'Antonio Vivaldi.

VENISE LAGUNE

ÎLES
LITTORAUX

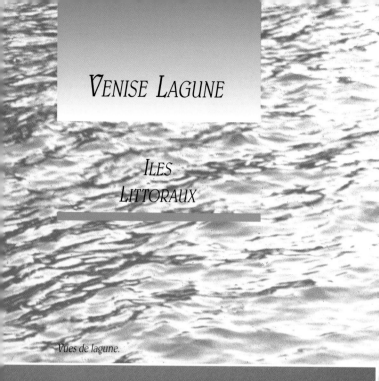

Vues de lagune.

La lagune de Venise couvre une superficie de 500 Km2 sur une longueur de 40 Km environ. Elle s'est formée au cours des millénaires à partir de la sédimentation des rivières qui forma les littoraux qui circonscrirent le bassin. Les littoraux, qui sont de longues bandes de terre, sont traversés de larges canaux communiquant avec la mer - San Nicolò, Malamocco, Chioggia - ce qui fait que les marées créent un mouvement d'eaux permanent. Afin de neutraliser le travail d'érosion des littoraux, qui se déploient de Venise à Chioggia, ceux-ci furent consolidés, au cours du XVIIIème siècle, par d'énormes blocs de pierre d'Istrie. L'autre entreprise menée à terme par la Sérénissime République fut de dévier le cours des rivières que l'on fit déboucher directement sur la mer pour éviter que le bassin intérieur ne se remplît des matériaux charriés par ces eaux.

La lagune est traversée par quelques chenaux navigables qui ont été creusés en direction des ports et au-delà de ces canaux s'étendent de grandes sèches que l'on voit affleurer à marée basse en constituant des îlots. Le grand problème auquel les Vénitiens se sont toujours heurtés et auquel ils continuent à se heurter est celui de parvenir à maintenir le parfait équilibre de l'eau dans la lagune. Tout canal creusé, tout pieu planté modifie cet équilibre fragile et opère des changements dont les conséquences sont toujours imprévisibles.

Les îles de la lagune sont par conséquent nombreuses; certaines se trouvent à proximité de la ville, d'autres en sont plus éloignées; certaines sont importantes du fait de leur situation et de leur passé; d'autres ont fini par être submergées par les eaux. Le centre historique de Venise est bordé par la Giudecca, San Giorgio Maggiore, San Servolo et San Lazzaro degli Armeni. Sur le côté nord se trouvent, dans l'ordre respectif, les îles de San Michele, qui sert aujourd'hui de cimetière, Murano, Burano,

Île abandonnée.

Pêche dans la lagune

Mazzorbo, Torcello et San Francesco del Deserto. La Giudecca, aux ruelles également bien étroites, se compose de huit îles; elle est séparée de Venise par le canal de la Giudecca et traversée elle-même de canaux. C'était autrefois un lieu délicieux pour ses potagers et ses jardins d'agrément. La Giudecca peut s'enorgueillir de posséder un des chefs-d'œuvre d'Andrea Palladio, l'église du Rédempteur. Le Lido est dépositaire d'une tradition étroitement liée à la ville. L'église de San Nicolò est celle où l'on commémore la Quatrième Croisade, la lutte contre Gênes et les noces du doge avec la mer. Le Lido évoque également le souvenir de nombreux personnages célèbres comme Goethe, Byron, Shelley, De Musset et Théophile Gautier. Le cimetière des protestants recèle la tombe de Joseph Smith, le collectionneur anglais qui s'accapara des tableaux de Canaletto qui devaient ensuite enrichir les musées de Londres. San Lazzaro degli Armeni présente, du fait de son église et de sa bibliothèque, un grand intérêt culturel. N'oublions pas non plus San Servolo, la Grazia, San Clemente, et Sacca Sessola. Les îles qui se trouvent sur le côté nord de la lagune sont célèbres pour les traditions qui y sont cultivées: Torcello, qui fut l'un des premiers lieux occupés par les populations de la terre ferme en fuite devant les invasions barbares; Burano, pour ses dentelles, et Murano, pour le travail du verre. San Francesco del Deserto est une île que l'on peut gagner depuis Burano; il s'en émane un charme des plus particuliers, pour la paix et la solitude qui l'enveloppent, pour son cloître en miniature et la présence de saint François qui accosta sur ses rives en une nuit de tempête.

Les îles et la lagune attirent des visiteurs de plus en plus nombreux, qu'étonnent ce paysage unique, ses variations de lumière et cet air dense chargé de senteurs marines. En fait, Venise est née de ces îles, d'où les Vénitiens ont su conquérir le monde.

La lagune, l'île de S.Lazzaro degli Armeni, un fragment du Lido, la Mer-Adriatique et, au fond, la plage vers Jesolo.

VERRE
FORMES

Le nom de Murano est associé au verre et la visite de cette île commence avant toute chose par la visite d'une verrerie. Le verre de Murano est un produit artisanal avec lequel on réalise des articles différents - des lustres, des verres, des vitraux, des tubes pour confectionner les tesselles des mosaïques, des objets de formes variées comme des groupes sculptés, des chevaux, des chiens, des animaux en tout genre, et toutes ces réalisations sont produites dans une grande variété de couleurs. Il serait réducteur de dire que le verre typique de Murano est le verre soufflé, même si c'est probablement celui qui se

Le travail du verre

distingue le plus fortement pour sa légèreté et pour ses irrégularités difficiles à déceler. Cette irrégularité est due à la fois au fait que l'on doive travailler très vite cette matière et au fait que ce soit fait à la main; le maître-verrier ne dispose en effet que de quelques secondes pour travailler la masse informe et incandescente du verre avant que la baisse de température ne le rende trop rigide. Le four contient des creusets d'une grande capacité qui correspondent à ses différentes bouches et dans la verrerie se trouvent le maître et ses aides, les tubes, les cisailles et d'autres outils indispensables. Le travail s'effectue entre la bouche du four, où le maître introduit le tube et l'espace s'étendant devant celle-ci, où le maître souffle le verre en faisant tourner le tube qui donne forme à la matière; l'endroit où l'on travaille est dit "piazza" ou place et c'est là que le verrier perfectionne la forme de l'objet avec ses cisailles, par des rotations et en soufflant au moment voulu. Lorsque la pâte de verre a cessé d'être ductile, le maître introduit à nouveau le tube dans le

four et il répète ces opérations jusqu'à ce que le travail soit complètement achevé. Et cela débouche souvent sur une œuvre d'art. En plus de la visite d'une verrerie, il peut être également agréable de visiter quelques églises importantes du point de vue de l'architecture et pour les œuvres qu'elles recèlent. Par exemple, l'église de San Pietro Martire conserve, entre autres, de Giovanni Bellini, *L'assomption de la Vierge et des saints*, *La madonne du doge Agostino Barbarigo*, *La Vierge sur le trône avec le Putto* et de Paolo Veronese, *Sainte Agathe en prison visitée par saint Pierre et un ange* (nef de gauche). Le musée qui a fait récemment l'objet d'un réaménagement, est intéressant si l'on veut découvrir les différentes formes qu'a connues le verre au cours des siècles. La basilique des Saints Marie et Donat a été construite au XIIème siècle et elle se distingue surtout par la partie extérieure de son abside et, à l'intérieur, par son pavement en mosaïque (XIIème siècle) et par la mosaïque de la *Vierge en prière* (abside)

Les personnes qui se rendent sur l'île de Burano ou de San Francesco del Deserto, qu'elles peuvent gagner depuis Burano, devraient y aller bien plus pour le plaisir du paysage et de l'environnement que pour celui des œuvres d'art. Si l'on se promène dans les ruelles de Burano, on peut remarquer une unité parfaite entre la population et l'eau. Les maisons peintes de couleurs différentes y sont à un seul étage et les entrées étroites de ces maisons ne font qu'un avec la rue et le canal. Les dentelles, qui sont le résultat raffiné d'un travail de longue haleine, sont réalisées en quantité plutôt limitée et les plus belles pièces sont conservées dans le musée de la dentelle. Utilisées au départ pour l'Eglise, elles étaient effectuées par les religieuses qui priaient et travaillaient - conformément à la devise *"ora et labora"* - dans les couvents, dont la ville était pleine entre le Moyen Age et la Renaissance.

BURANO
LA
DENTELLE

On aperçoit très nettement Torcello depuis Burano et la terre ferme. Cette île se reconnaît de loin à son clocher très ancien et empreint du plus grand charme. Aujourd'hui, Torcello n'est plus qu'un endroit bondé de touristes, présentant deux églises simples mais grandioses, aux dimensions modestes mais dotées de tous les éléments architecturaux de tradition ancienne. Les populations qui s'étaient enfuies d'Altino se sont installées définitivement à Torcello à l'époque des invasions lombardes; l'inscription figurant sur le mur de l'église, qui se réfère à la fondation de celle-ci, porte effectivement la date de 639. Depuis lors, cette île a été le théâtre de bien des vicissitudes, dont la démolition des maisons par les habitants eux-mêmes lorsqu'ils se sont transférés à Rialto, avec tout ce qu'ils possédaient, y compris les briques, pour construire leurs nouvelles habitations où ils allaient rester groupés, afin de résister à la menace de l'envahisseur. D'ailleurs on trouve encore, dans les canaux de ce quartier, les "torcellane" ou briques mêlées à la boue. Devant la cathédrale sont encore visibles les vestiges du Baptistère, à plan circulaire, datant du VIIème siècle. La cathédrale de S. Maria Assunta est peut-être l'édifice le plus ancien de la lagune. C'est une construction byzantine à plan basilical roman, flanquée de l'église de Santa Fosca.

Vues de Burano.

Torcello, la place et la
cathédrale de Santa Maria
Assunta.

Torcello. Intérieur de la
cathédrale.

LE LIDO

LA PLAGE DE VENISE

Le Lido est constitué d'une langue de terre étroi-
te et longue, formée par les alluvions fluviales
rejetées par la mer sur les bas-fonds. Cette digue
naturelle contient les eaux de la lagune, toujours
en communication avec la mer qui entre par
trois canaux (S.Nicolò di Lido, Malamocco,
Chioggia). A l'intérieur de la lagune, le flux et le
reflux des marées est irrégulier; depuis la fondation de la ville, les endroits les plus bas sont sub-
mergés durant certaines périodes de l'année par
l'Acqua Alta (les hautes eaux). Ces derniers
temps, le problème de l'Acqua Alta s'est aggravé:
les endroits les plus bas ont été inondés de plus
en plus souvent durant l'année, et non pas
durant les périodes traditionnellement accepta-
bles, en causant des dommages de plus en plus
graves pour la population. On essaie actuellement de trouver une solution à ces irrégularités
de la marée, et des projets sont à l'étude, pour
tenter de résorber l'Acqua Alta.

S. Lazzaro degli Armeni.
Le Lido avec le port de S. Nicolò.
Punta Sabbioni et la plage vers
Jesolo, au fond.

Ile de San Lazzaro degli Armeni.

San Pietro in Volta.

Vues de lagune.

MALAMOCCO, LES ALBERONI
SAN PIETRO IN VOLTA

LES EXCURSIONS EN BATEAU

Malamocco est un village de pêcheurs, construit après que la mer eut englouti l'ancienne Matemaucus (1106-07), l'un des centres politiques des premiers habitants de la lagune

Les Alberoni sont un village d'établissements balnéaires, possédant un terrain de golf bien entretenu.

San Pietro in Volta rappelle le village où Pépin, fils de Charlemagne aurait tourné (Volta) après avoir essayé inutilement de conquérir Venise. Là mieux que partout ailleurs le long du littoral, on distingue les Murazzi, constructions vénitiennes

de défense contre la mer, achevées par la République quelques années avant sa chute, au XVIIIème siècle.

Les Murazzi sont formés de gros blocs de pierre d'Istrie, et maintenant de ciment, aux formes arrondies, ammassés pêle-mêle le long du rivage pour neutraliser la force de pénétration et d'érosion des vagues.

CHIOGGIA

ÎLE DES PÊCHEURS

Chioggia, Sottomarina. Le voyage jusqu'à Chioggia est agréable; on prend le vaporetto et l'autobus d'où l'on peut voir le rivage, les Murazzi, si l'on descend à S.Pietro in Volta, et la vie des pêcheurs. Chioggia est aujourd'hui un village de pêcheurs, mais il remonte certainement à l'époque romaine. Il s'appelait Fossa Clodia Major et Clodia Minor ou Sottomarina. La guerre de Chioggia (1378-80) eut une grande importance dans l'histoire de la République. Venise, talonnée par la flotte génoise, était sur le point de céder mais on accomplit l'effort final et on parvint ainsi la victoire.

Parmi les constructions anciennes de Chioggia, nous rappellerons l'église S.Domenico où est conservé le Saint-Paul de Vittore Carpaccio (1520), l'église S.Giacomo, la cathédrale et son campanile. La cathédrale est une construction à plan en croix latine, à trois nefs et transept. Sottomarina est une station balnéaire moderne en évolution constante.

Vues de Canal Vena.